建设工程施工合同

常见纠纷及裁判观点

山东德衡律师事务所　编

贾国栋　主编

Common Disputes and Opinions of Judgment in

CONSTRUCTION CONTRACT OF CONSTRUCTION PROJECT

法律出版社

LAW PRESS · CHINA

—— 北京 ——

图书在版编目(CIP)数据

建设工程施工合同常见纠纷及裁判观点 / 山东德衡律师事务所编 ; 贾国栋主编. -- 北京 : 法律出版社, 2023

ISBN 978 - 7 - 5197 - 7907 - 8

Ⅰ. ①建… Ⅱ. ①山… ②贾… Ⅲ. ①建筑施工－合同纠纷－审判－研究－中国 Ⅳ. ①D923.65

中国国家版本馆 CIP 数据核字(2023)第 079688 号

建设工程施工合同常见纠纷及裁判观点
JIANSHE GONGCHENG SHIGONG HETONG CHANGJIAN JIUFEN JI CAIPAN GUANDIAN

山东德衡律师事务所 编
贾国栋 主编

策划编辑 林 蕊 周 洁
责任编辑 林 蕊
装帧设计 李 瞻

出版发行 法律出版社
编辑统筹 司法实务出版分社
责任校对 晁明慧 王 皓
责任印制 胡晓雅
经 销 新华书店

开本 710 毫米×1000 毫米 1/16
印张 11.75 **字数** 188 千
版本 2023 年 7 月第 1 版
印次 2023 年 7 月第 1 次印刷
印刷 固安华明印业有限公司

地址:北京市丰台区莲花池西里 7 号(100073)
网址:www.lawpress.com.cn
投稿邮箱:info@lawpress.com.cn
举报盗版邮箱:jbwq@lawpress.com.cn

销售电话:010 - 83938349
客服电话:010 - 83938350
咨询电话:010 - 63939796

书号:ISBN 978 - 7 - 5197 - 7907 - 8 **定价**:48.00 元

凡购买本社图书,如有印装错误,我社负责退换。电话:010 - 83938349

本书编委会

主　　编：贾国栋

编委会成员（以姓氏笔画排序）：

马婧璇　王　杰　王学成　冯跃娇

朱永生　刘同战　刘纯子　刘笑冰

杨　颖　杨美玲　苑克帅　贾国栋

黄　晟

德衡律师业务团队系列丛书
编 委 会

前言 Preface

建设工程施工合同纠纷案件是人民法院民一庭审理的一类重要案件。此类案件具有标的额大、事实复杂、证据材料多、争议难平的特点。自2005年最高人民法院《关于审理建设工程施工合同纠纷案件适用法律问题的解释》施行以来，建设工程施工合同纠纷案件作为由专门司法解释作为审理依据类型的案件至今已有18个年头。十多年来，尽管有专门司法解释作为依据，司法实践中，此类案件仍是争议最大的民商事案件之一。

近年来，建设工程施工合同案件的法律环境有了变化，主要包括：2018年国家发展和改革委员会发布新的《必须招标的基础设施和公用事业项目范围规定》，最高人民法院发布了《关于审理建设工程施工合同纠纷案件适用法律问题的解释（二）》；2021年《民法典》实施，同时，最高人民法院废除了2005年和2019年起施行的两部建设施工合同相关的司法解释，依据《民法典》发布了最新的《关于审理建设工程施工合同纠纷案件适用法律问题的解释（一）》。

以上法律环境的变化，对建设工程施工合同纠纷案件的审理必然会产生新的影响。山东德衡律师事务所土地与房地产业务中心基于多年对建设工程纠纷案件的办理经验，组织专业律师对近几年最高人民法院以及部分高级人民法院（京、沪、苏、浙、鲁、粤）建设工程施工合同纠纷的裁判文书进行研究，并将最终研究成果整理成本书。本书有以下特点：（1）力争通过对较大范围的、具有代表性的样本的研究，梳理出建设工程施工合同常见、高发的纠纷类型；（2）力争通过对权威性裁判文书说理部分的归纳，总结出法院具有代表性的最新裁判观点；(3)力争通过援引最新法律依据，对建设工程常见纠纷和裁判观点作出解读，为当事人防范和化解纠纷提供有价值的引导。

很显然，因研究者个人能力以及研究方法本身的不足，本书所做的归纳、总结、梳理与解读必然不够全面、准确，不能代表司法机关的主流和权威意见，仅供各位读者参考。恳请读者予以谅解，并欢迎大家批评指正。

编　者

二〇二三年四月

目录 Contents

第一章 合同效力有关争议

合同效力问题是合同纠纷案件需要解决的首要问题。在所有合同纠纷案件中,建设工程施工合同纠纷案件是合同效力争议最大的一类。其根源在于,实践中存在非常多施工合同无效的情形,长此以往,大家见怪不怪,习以为常,以至于司法实务中产生了“无效合同按有效处理”的说法,无益于合同效力的理论和实践发展。2021 年实施的《民法典》第 793 条以立法的形式澄清了上述错误的说法,维护了合同效力理论的稳定性和一致性,减少了合同效力理论层面的争议。另外,2018 年国家发展和改革委员会发布新的《必须招标的基础设施和公用事业项目范围规定》,大大缩减了必须招标项目的范围,如商品住宅项目不再属于必须招标的范围,大大减少了合同无效情形的出现。以上变化,对减少建设工程施工合同效力争议起到了积极的作用,但合同效力有关的争议依然是建设工程施工合同纠纷案件的一类重要争议,司法实践中的最新倾向值得关注和研究。

1 商品住宅项目未进行招标签订的施工合同是否有效?

【争议问题】

国家发展和改革委员会 2018 年 6 月 6 日发布的《必须招标的基础设施和公用事业项目范围规定》将“商品住宅”从必须招标的项目中删除。那么 2018 年 6 月 6 日之前就已经发包的商品房项目,发承包双方未经招标而签订的施工合同是否有效?

【裁判观点】

鉴于当前商品住宅项目已不属于必须招标的项目范围,参照合同效力相关司法解释，人民法院可以确认发改委新规实施之前签订的合同有效。

【典型案例】最高人民法院(2021)最高法民申5747号

在该案中，法院认为：国家发展和改革委员会2018年6月6日发布的《必须招标的基础设施和公用事业项目范围规定》，已将商品住宅从必须招标的项目中删除。参照最高人民法院《关于适用〈中华人民共和国合同法〉若干问题的解释（一）》（已失效）[①]第3条“人民法院确认合同效力时，对合同法实施以前成立的合同，适用当时的法律合同无效而适用合同法合同有效的，则适用合同法”的规定精神，基于案涉工程现已不属于必须招标的项目范围，原判决认定德誉公司[②]与晟元公司2011年10月25日签订的两份建设工程施工合同（备案合同）有效，并无不当。德誉公司申请再审称原判决此项认定适用法律错误，理由不能成立。

【法律依据】

最高人民法院《关于审理建设工程施工合同纠纷案件适用法律问题的解释（一）》

第一条 建设工程施工合同具有下列情形之一的，应当依据民法典第一百五十三条第一款的规定，认定无效：

……

（三）建设工程必须进行招标而未招标或者中标无效的。

……

《必须招标的基础设施和公用事业项目范围规定》

第二条 不属于《必须招标的工程项目规定》第二条、第三条规定情形的大型基础设施、公用事业等关系社会公共利益、公众安全的项目，必须招标的具体范围包括：

（一）煤炭、石油、天然气、电力、新能源等能源基础设施项目；

（二）铁路、公路、管道、水运，以及公共航空和A1级通用机场等交通运输基础

---

① 本书案例中引用的法条均为案件审判时引用的版本。引用的法条与本书出版时有效的法条相比若无不同之处，则不另外标注；若引用的法律文件已失效，则加标“原”或“（已失效）”；若引用的法条文件已被修改，且引用法条序号或内容已变，则加标引用法律文件的生效年份。全书同。——编者注

② 为行文方便，本书“典型案例”部分中的讨论，均直接使用判决书中对公司名称的简称，不再做全称—简称处理（个别案件因是《最高人民法院公报》案例，文中出现公司全称的除外）。全书同。——编者注

设施项目;

(三)电信枢纽、通信信息网络等通信基础设施项目;

(四)防洪、灌溉、排涝、引(供)水等水利基础设施项目;

(五)城市轨道交通等城建项目。

【律师解读】

"法不溯及既往"是一项基本的法律原则。但在民商事法律领域,尽量保护合同有效性、减少无效合同的种类、尊重意思自治也是重要的立法和司法理念。按照《工程建设项目招标范围和规模标准规定》(已失效),商品住宅项目属于应招投标的项目,但依据2018年6月6日新发布的《必须招标的基础设施和公用事业项目范围规定》,其则不再属于必须招投标的范围。在发生诉讼时,对于新规定出台前已经签订的施工合同,法院更倾向于适用新规定,肯定施工合同的效力。

2 BT项目是否属于必须招投标的范围?

【争议问题】

BT即Build – Transfer(建设—转让),其合同不是单纯的工程承包合同,而是带有投融资性质的特殊承包合同。BT项目合同的签订是否也必须经过招投标?

【裁判观点】

若案涉工程项目属于必须招标范围,BT模式的工程发包未经招标的无效。

【典型案例】最高人民法院(2021)最高法民申2507号

在该案中,法院认为,案涉公路改建项目属政府投资的大型基础设施项目,根据《招标投标法》第3条"在中华人民共和国境内进行下列工程建设项目包括项目的勘察、设计、施工、监理以及与工程建设有关的重要设备、材料等的采购,必须进行招标:(一)大型基础设施、公用事业等关系社会公共利益、公众安全的项目;(二)全部或者部分使用国有资金投资或者国家融资的项目;(三)使用国际组织或者外国政府贷款、援助资金的项目。前款所列项目的具体范围和规模标准,由国务院发展计划部门会同国务院有关部门制订,报国务院批准。法律或者国务院对必须进行招标的其他项目的范围有规定的,依照其规定"的规定,案涉项目必须通过招投标的方式确定施工主体,但根据本案事实,案涉项目未经招投标程序即签订了施工合同,故原审判决认定案涉 BT 项目合同无效,并无不当。

【法律依据】

《招标投标法》

第三条 在中华人民共和国境内进行下列工程建设项目包括项目的勘察、设计、施工、监理以及与工程建设有关的重要设备、材料等的采购,必须进行招标:

(一)大型基础设施、公用事业等关系社会公共利益、公众安全的项目;

(二)全部或者部分使用国有资金投资或者国家融资的项目;

(三)使用国际组织或者外国政府贷款、援助资金的项目。

《必须招标的基础设施和公用事业项目范围规定》

第二条 不属于《必须招标的工程项目规定》第二条、第三条规定情形的大型基础设施、公用事业等关系社会公共利益、公众安全的项目,必须招标的具体范围包括:

(一)煤炭、石油、天然气、电力、新能源等能源基础设施项目;

(二)铁路、公路、管道、水运,以及公共航空和 A1 级通用机场等交通运输基础设施项目;

(三)电信枢纽、通信信息网络等通信基础设施项目;

(四)防洪、灌溉、排涝、引(供)水等水利基础设施项目;

(五)城市轨道交通等城建项目。

【律师解读】

对于《招标投标法》及《必须招标的工程项目规定》规定的必须招标的项目,无论该项目采用何种承包模式,如 BT/BOT(Build - Operate - Transfer,即建设—经营—转让)/EPC(Engineering Procurement Construction,即设计—采购—施工),均应当通过招投标方式选择承包方,否则双方签订的合同因违反《招标投标法》而无效。

3 挂靠情形下,实际施工人借承包人之名签订的施工合同是否有效?

【争议问题】

实际施工人借用承包人资质,并以承包人名义与发包人签订施工合同,该施工合同是否有效?

【裁判观点1】

发包人在签订施工合同时不知道承包人存在借用资质的事实的,发包人与承包人所签订的施工合同有效。

【典型案例】最高人民法院(2021)最高法民申1584号

在该案中,法院认为,根据原审查明的事实,1 号院《建设工程施工合同》系通过公开招投标程序签订的,二建公司主张该合同系张某、李某慧借用二建公司的资质与峰创公司签订的,但并未提供证据证明在签订《建设工程施工合同》时,峰创公司知道借用资质的事实,故在此情形下,二审判决认定该合同有效并无不当,二建公司申请再审的理由不能成立。

【裁判观点2】

发包人明知挂靠行为存在并签订合同的,被挂靠人与发包人之间并无签订、履行案涉建设工程施工合同的真实意思表示,应认定建设工程施工合同无效。

【典型案例】最高人民法院(2020)最高法民终1269号

在该案中,法院认为,南通四建公司虽然与岚世纪公司签订了《建设工程施工合同》及《补充协议》,但其实际是将施工资质出借于黄某荣用于案涉工程的施工,南通四建公司并无签订、履行合同的真实意思表示,原审依据原《民法总则》第 143 条、第 146 条的规定认定案涉《建设工程施工合同》及《补充协议》因不是真实意思表示无效并无不当,予以维持。南通四建公司上诉主张其为《建设工程施工合同》及《补充协议》的一方当事人并向岚世纪公司主张工程价款及优先受偿权,缺乏事实和法律依据,不予支持。

【法律依据】

《民法典》

第一百四十三条 具备下列条件的民事法律行为有效:

(一)行为人具有相应的民事行为能力;

(二)意思表示真实;

(三)不违反法律、行政法规的强制性规定,不违背公序良俗。

第一百四十六条 行为人与相对人以虚假的意思表示实施的民事法律行为无效。

以虚假的意思表示隐藏的民事法律行为的效力,依照有关法律规定处理。

第一百五十三条 违反法律、行政法规的强制性规定的民事法律行为无效。但是,该强制性规定不导致该民事法律行为无效的除外。

违背公序良俗的民事法律行为无效。

最高人民法院《关于审理建设工程施工合同纠纷案件适用法律问题的解释(一)》

第一条 建设工程施工合同具有下列情形之一的,应当依据民法典第一百五十三条第一款的规定,认定无效:

(一)承包人未取得建筑业企业资质或者超越资质等级的;

(二)没有资质的实际施工人借用有资质的建筑施工企业名义的;

(三)建设工程必须进行招标而未招标或者中标无效的。

……

【律师解读】

根据最高人民法院《关于审理建设工程施工合同纠纷案件适用法律问题的解释(一)》第1条的规定,没有资质的实际施工人借用有资质的建筑施工企业名义签订的施工合同,因违反了《建筑法》中关于施工资质的强制性规定而无效。从此规定来看,无论发包人在签订合同时是否知道借用资质事实存在,发包人与被挂靠人签订的施工合同都是无效的。但在司法实践中,有的法官认为施工合同的效力因发包人是否知情而有所不同。发包人明知挂靠关系的,合同无效;发包人不知情的,则合同有效。

4 工期延误责任、工程款支付方式等内容是否属于中标合同实质性内容?

【争议问题】

中标合同签订后,发承包双方又签订补充协议,就工期延误责任、工程款支付方式等方面作出补充约定的,是否构成对中标合同实质性内容的变更?

【裁判观点】

补充协议主要涉及工期延误责任、工程款支付方式等内容,系对备案合同的变更与补充,并不足以构成对双方当事人权利义务内容的实质性变更。

【典型案例】最高人民法院(2021)最高法民申1013号

在该案中,法院认为,原审查明,冠宜置业公司与蚌埠建安公司于2014年8月25日、2015年1月10日签订了两份《建设工程施工合同》,并均已备案。此外,双方还分别于2014年1月25日签订了《项目合作意向协议》,2014年8月1日签订了《吴湾路安置房建设工程总承包协议》,2014年10月20日、2015年2月21日就上述两份备案合同签订了《吴湾路安置房项目〈建设工程施工合同〉补充协议》。依据相关法律规定,中标合同实质性内容包括工程范围、建设工期、工程质量、工程价款等。上述四份协议主要涉及工期延误责任、工程款支付方式等内容,蚌埠建安公司虽主张工程款支付方式的变更变相降低了工程价款、改变了工程期限,但蚌埠建安公司在与冠宜置业公司签订《项目合作意向协议》时应已预见工程款支付方式存在不确定性,双方之间支付工程款亦大部分按照《吴湾路安置房建设工程总承包协议》以及相关补充协议执行,上述四份协议并不足以构成对双方当事人权利义务内容的实质性变更。原判决认定上述四份协议系对备案合同的变更与补充,且未支持蚌埠建安公司以四份协议与《建设工程施工合同》实质性条款相背离为由主张四份协议无效,并无不当。因上述四份协议有效,且对备案合同的资金拨付方式、违约责任等内容进行了变更,原判决未支持蚌埠建安公司要求冠宜置业公司依照《建设工程施工合同》付款节点承担迟延付款违约责任及停窝工损失,亦无不当。①

【法律依据】

最高人民法院《关于审理建设工程施工合同纠纷案件适用法律问题的解释(一)》

第二条　招标人和中标人另行签订的建设工程施工合同约定的工程范围、建设工期、工程质量、工程价款等实质性内容,与中标合同不一致,一方当事人请求按照中标合同确定权利义务的,人民法院应予支持。

招标人和中标人在中标合同之外就明显高于市场价格购买承建房产、无偿建设住房配套设施、让利、向建设单位捐赠财物等另行签订合同,变相降低工程价款,一方当事人以该合同背离中标合同实质性内容为由请求确认无效的,人民法院应

---

① 类似案例可参见最高人民法院(2021)最高法民申1144号案。

予支持。

【律师解读】

从尊重和维护招投标程序法律效力的角度出发，发承包双方依据招投标及中标文件签订合同后，不得另行签订与中标合同实质性内容相违背的合同或补充协议。但当事人双方并非一概不能签订补充协议或就合同事宜达成新的合意。双方可就非实质性内容如违约责任等方面达成新的合意，或就出现的新情况达成新的合意，这些是受法律保护的意思自治的体现。但司法实践中对于哪些内容属于中标合同的实质性内容存在争议。尽管最高人民法院《关于审理建设工程施工合同纠纷案件适用法律问题的解释(一)》第2条对“实质性内容”的范围有明确规定，但在具体案件中仍要根据实际案情具体对待，不可一概而论、简单套用。要综合考虑双方是否有违反招投标的故意、签订补充协议的时间、对实质性内容的变更程度是否属于重大变更等。

5 施工合同与招标文件在违约责任方面存在不同，施工合同的约定是否无效？

【争议问题】

施工合同一般是依据招投标文件确定的，但最终签订的合同可能不完全与招投标文件一致。当合同的部分条款如违约责任条款与招标文件中的相关内容不一致，是否应认定施工合同的约定无效？

【裁判观点】

施工合同中的违约条款不属于可能限制或排除其他竞标人参与竞争的实质性条款，违约条款与招标文件不一致，不会导致施工合同无效。

【典型案例】最高人民法院(2021)最高法民申5098号

在该案中，法院认为，案涉工程由中建二局总承包，根据双方对工程承包范围的约定，部分非主体工程由天安金谷公司指定分包，中建二局关于案涉施工合同因天安金谷公司肢解建设工程而无效的主张，缺乏事实和法律依据。中建二局提交的招标文件在违约责任的约定上与案涉施工合同有所不同。招标文件中的专用合同条款16.1.1约定：“发包人违约的其他情形：工程中途停建、缓建或者由于发包人错误造成的返工，应采取措施弥补或减少损失。同时，赔偿承包人由此造成的停工、窝工、返工、倒运、人员和机械设备调遣，材料和构件积压等相关损失，工期顺延。因发包人原因导致工程工期顺延过程中遇到材料、人工价格上涨的，发包人应支付该差价等。”施工合同专用合同条款16.1.1约定：“发包人违约的其他情形：因发包人原因导致工程中途停建、缓建或者暂停施工的，工期相应顺延，承包人应采取措施减少损失。但承包人放弃就费用及损失提出任何补偿或索赔。”施工合同专用合同条款16.2.3则在招标文件专用合同条款16.2.3的基础上，增加了“承包人不得以任何理由停工、怠工、取闹，否则视为违约，并向发包人支付本合同总价的5%作为违约金。经发包方书面催告后，承包人仍未改正的，发包人有权解除合同……”，以及“承包人不得将工程转包、违法分包或变相联名转包，若违反此约定视作根本性违约”等约定。建设工程施工合同应以招标投标文件为依据，但合同当事人可以根据具体情况，通过平等协商的方式，在合同中对招标投标文件予以具体细化。中建二局通过施工合同约定放弃了发包人原因造成工期顺延情况下承包人就相关费用及损失向发包人提出补偿或索赔的权利，同意增加因承包人违约解除合同的情形，属于其对自身民事权利的处分。上述违约条款不属于可能限制或排除其他竞标人参与竞争的实质性条款，是双方就招标文件中有关违约责任约定的细化与完善，不违反法律、行政法规的强制性规定，中建二局以此为由主张案涉施工合同无效，于法无据，不应支持。

【法律依据】

最高人民法院《关于审理建设工程施工合同纠纷案件适用法律问题的解释(一)》

第二十二条 当事人签订的建设工程施工合同与招标文件、投标文件、中标通知书载明的工程范围、建设工期、工程质量、工程价款不一致，一方当事人请求将招标文件、投标文件、中标通知书作为结算工程价款的依据的，人民法院应予支持。

【律师解读】

最高人民法院《关于审理建设工程施工合同纠纷案件适用法律问题的解释(一)》明确了在实质性条款方面，招投标文件相比施工合同有优先适用的效力。其目的是规范和引导双方按照招投标文件签订合同，维护招投标程序的权威性，公平保护所有投标人。但这并不意味着所有的合同条款都必须严格照搬招标文件。发承包双方可以在中标后对非实质性条款进行协商修改和补充。

6 当事人以补充协议的形式达成的让利条款是否构成实质性变更?

【争议问题】

中标合同签订后,发承包双方又签订补充协议就合同价格达成让利约定。该补充约定是否构成对中标合同实质性内容的变更?

【裁判观点】

工程价款下浮约定系双方当事人真实意思表示,尚不足以改变备案合同约定的结算方法,不属于对于结算条款的实质性变更。

【典型案例】最高人民法院(2021)最高法民申320号

在该案中,河北建工申请再审主张《3# -6#楼补充合同》中工程价款下浮的约定与备案合同不一致,为无效合同;《沿街商业和地下车库补充协议》被舒春公司篡改;二者均不能作为双方结算的依据。法院认为,根据原审查明的事实,本案所涉工程项目经遵化市发展改革局批准采取邀请招标方式进行招投标。《3# -6#楼补充合同》工程价款分情形下浮5%、3%的约定系双方当事人真实意思表示,尚不足以改变备案合同约定的结算方法,不属于对于结算条款的实质性变更。同时,河北建工亦认可双方实际履行的是《3# -6#楼补充合同》,因此,原判决以此作为双方结算工程价款的依据并无不当。

【法律依据】

最高人民法院《关于审理建设工程施工合同纠纷案件适用法律问题的解释(一)》

第二条 招标人和中标人另行签订的建设工程施工合同约定的工程范围、建设工期、工程质量、工程价款等实质性内容,与中标合同不一致,一方当事人请求按照中标合同确定权利义务的,人民法院应予支持。

招标人和中标人在中标合同之外就明显高于市场价格购买承建房产、无偿建设住房配套设施、让利、向建设单位捐赠财物等另行签订合同,变相降低工程价款,一方当事人以该合同背离中标合同实质性内容为由请求确认无效的,人民法院应予支持。

【律师解读】

上述案例的裁判观点认为:当事人双方达成的合理让利属于意思自治的范畴,

不构成对原合同结算条款的实质性变更。这一观点显然与上述司法解释第 2 条第 2 款的规定不相符。可以看出,尽管司法解释对实质性条款的范围作出了明确的规定,但在面对具体案件时,裁判者并不会一概简单适用该规定的范围,还是要根据具体案情具体分析。笔者认为,双方在结算过程中达成的让利合意或因合同履约过程中出现的新情况达成的让利约定,具有商业上的合理性,不属于对《招标投标法》的违反,应当视为有效约定;反之则属于违反上述司法解释第 2 条第 2 款明确规定的情形,应当认定无效。

7 存在多份合同时,以哪一份合同作为依据?

【争议问题】

建设工程领域中,发承包双方往往就同一工程签订多份合同文件,各份合同约定各不相同,在双方履行及发生纠纷时,应当以哪一份合同作为依据?

【裁判观点】

当事人之间签订的多份合同均无效时,应当参照双方实际履行的合同进行结算。

【典型案例】江苏省高级人民法院(2020)苏民申 3956 号

在该案中,法院认为,宏利公司与庆松公司在招投标之前签订备忘录,就编制标底、找其他两家施工单位进行陪标等相关事项进行约定,违反了《招标投标法》的规定,一审、二审认定双方存在串标、明标暗定等情形,中标无效,继而认定双方经过招投标程序签订的建设工程施工合同无效,有事实依据,亦符合法律规定。最高人民法院《关于审理建设工程施工合同纠纷案件适用法律问题的解释》(已失效)第 21 条"当事人就同一建设工程另行订立的建设工程施工合同与经过备案的中标合同实质性内容不一致的,应当以备案的中标合同作为结算工程价款的根据"的规定,适用于经过备案的中标合同有效的情形,故该条司法解释在本案中并不适用。本案中,双方签订的经备案的建设工程施工合同及补充协议均无效,而最高人民法院《关于审理建设工程施工合同纠纷案件适用法律问题的解释(二)》(已失效)第 11 条规定:"当事人就同一建设工程订立的数份建设工程施工合同均无效,但建设工程质量合格,一方当事人请求参照实际履行的合同结算建设工程价款的，人民法院应予支持。实际履行的合同难以确定，当事人请求参照最后签订的合同结算建设工程价款的，人民法院应予支持。”因此，案涉工程价款的结算应当参照双方实际履行的合同约定确定，一审、二审据此参照双方实际履行的补充协议约定确定案涉工程价款，符合上述司法解释规定。

【法律依据】

最高人民法院《关于审理建设工程施工合同纠纷案件适用法律问题的解释（一）》

第二条第一款 招标人和中标人另行签订的建设工程施工合同约定的工程范围、建设工期、工程质量、工程价款等实质性内容，与中标合同不一致，一方当事人请求按照中标合同确定权利义务的，人民法院应予支持。

第二十二条 当事人签订的建设工程施工合同与招标文件、投标文件、中标通知书载明的工程范围、建设工期、工程质量、工程价款不一致，一方当事人请求将招标文件、投标文件、中标通知书作为结算工程价款的依据的，人民法院应予支持。

第二十四条 当事人就同一建设工程订立的数份建设工程施工合同均无效，但建设工程质量合格，一方当事人请求参照实际履行的合同关于工程价款的约定折价补偿承包人的，人民法院应予支持。

实际履行的合同难以确定，当事人请求参照最后签订的合同关于工程价款的约定折价补偿承包人的，人民法院应予支持。

【律师解读】

按照现行司法解释确定的规则，在同一工程存在多份合同的情形下，可以按照如下一般性规则确定合同依据：首先要区分合同有效还是无效，在合同有效的情形下，招投标文件的效力高于中标合同，中标合同的效力高于其他合同；在合同无效的情况下，则以实际履行的合同作为依据，实际履行的合同难以确定的，以最后签订的合同为准。

8 无效合同中的让利条款是否应当参照适用？

【争议问题】

合同无效的情况下，合同中约定的价格下浮率等让利条款是否应当或者必然被法院参照适用？

【裁判观点】

无效合同中约定的下浮率无效，法院可衡量各方当事人的权益以及导致合同无效的过错程度等因素，酌情决定是否参照及如何参照适用。

【典型案例1】最高人民法院（2021）最高法民申6087号

在该案中，法院认为，根据相关司法解释的规定，建设工程施工合同被确认无效后，可参照合同约定的结算方式计付工程价款。本案中，当事人虽约定以政府职能部门核定造价为基础下浮32%结算工程价款，但据顺洋公司与赣基公司、贺某群之间另案民事判决的记载，顺洋公司以借款的方式向赣基公司、贺某群预付工程款并按月计收利息，且双方还约定赣基公司、贺某群需承担相应的税费，故经综合衡量各方当事人的权益以及导致案涉建设工程施工合同无效的过错程度等因素，二审判决在保留发包人总造价7%合理利润的基础上，酌情确定发包人应按双方均认可的结算造价下浮7%向赣基公司、贺某群支付案涉工程价款，系裁量权的合理行使，处理结果相对公平。

【典型案例2】山东省高级人民法院（2021）鲁民申8516号

在该案中，法院认为，根据2009年6月16日申请人汇龙公司（甲方）与被申请人滕建集团（乙方）签订的“汇龙·领秀城二期建设施工合同”，双方确有让利11%的约定，但涉案施工合同属无效合同，合同中有关让利11%的条款亦应无效。施工中汇龙公司将施工图纸范围内工程部分进行了甩项，原审判决基于施工合同无效、双方均有过错等原因，为平衡双方利益，酌定被申请人韩某荣取得6%、汇龙公司取得5%的比例予以分担，并无不当，不属于适用法律错误的情形。

【典型案例3】最高人民法院（2020）最高法民终849号

在该案中，广厦公司主张应依据承包协议的约定对工程总造价下浮5%。法院认为，承包协议系无效合同，其中关于工程总价下浮5%的约定亦归于无效。一审判决根据公平原则及案涉工程的实际情况，对工程总价未予下浮，处理亦无不当。

【典型案例4】最高人民法院（2021）最高法民申1940号

在该案中，法院认为，涉案工程存在“先定后招”的情形，违反《招标投标法》的强制性规定，故温泉公司与昊通公司签订的《建设工程施工合同》《青岛市建设工程施工合同》均无效。在此情况下，双方应当按照实际履行的2011年3月12日签订的《建设工程施工合同》结算工程价款。关于已完工工程价值的确定，温泉公司与昊通公司作为平等的商事主体，按照《建设工程施工合同》约定的方法进行计算，符合双方当事人订立合同时的真实意思表示，且双方在《建设工程施工合同》中约定的让利条款属于结算条款，鉴定机构按照《建设工程施工合同》约定的结算方式认定工程造价并无不当，故对该申请再审理由不予支持。

【法律依据】

《民法典》

第七百九十三条第一款　建设工程施工合同无效，但是建设工程经验收合格的，可以参照合同关于工程价款的约定折价补偿承包人。

【律师解读】

《民法典》第793条规定，"建设工程施工合同无效，但是建设工程经验收合格的，可以参照合同关于工程价款的约定折价补偿承包人"。这里规定的"参照"不同于"依照"，法院在其中拥有自由裁量权。从实践中的案例来看，关于无效合同中的让利约定既有完全参照的案例，也有完全不参照的案例，还有法官考虑让利约定的合理性予以酌情调整的案例。笔者认为，除非双方合同约定的让利幅度过大，明显不合理，否则法院应当尊重当事人意思自治，而不应当替商事主体作出商事利益大小的衡量。

9 非必须招标项目自行招标前签订的合同是否有效？

【争议问题】

对于非必须招标的项目，发包人自行决定采用招标方式的，其在招标前与承包人在先签订的施工合同是否有效？

【裁判观点】

非必须招标而发包人自愿选择招标的项目，应受《招标投标法》的约束。招标前双方先行签订的合同原则上无效。

【典型案例1】最高人民法院(2021)最高法民申150号

在该案中，法院认为，虽然按照现行政策的要求，案涉工程不是必须进行招投标的项目，并非必须适用《招标投标法》的规定。但是案涉招投标发生时的政策、法规并未明确案涉工程不再属于必须招投标项目。而且,对于法律没有设定强制性义务的事项,不排除当事人可以自行选择适用并受其约束。《招标投标法》的立法目的是规范招投标活动,保护国家利益、社会公共利益和招投标活动当事人的合法权益,促进公平公开市场竞争,提高经济效益,保证项目质量。对于并非必须进行招投标的项目,当事人自行选择采用招投标方式的,为了保护其他参与招投标活动的投标主体的利益,维护公平的市场竞争秩序,无论招投标是否系自行组织,招投标行为均应当受《招标投标法》的规范和约束。二审判决以城投滨海公司选择招标方式,就必须受到招标过程中相关法律法规制约为由,认定城投滨海公司和五建公司在招投标前就案涉工程投标价格等实质性内容进行沟通协商违反《招标投标法》规定,导致《备案合同》无效,并无不当。①

【典型案例2】最高人民法院(2021)最高法民申3933号

在该案中,法院认为,因涉案项目并非必须招投标的工程项目,泰地公司在一审、二审中也未提供充分证据证明鲁园公司在签订标前合同时知晓涉案工程将履行招投标程序,结合泰地公司在一审法院组织质证时明确表示同意以标前合同以及补充协议作为确定双方当事人之间权利义务关系的依据,二审据此认定标前合同以及补充协议系双方当事人真实意思表示且应为有效并不缺乏依据。②

【法律依据】

《招标投标法》

第四十三条　在确定中标人前,招标人不得与投标人就投标价格、投标方案等实质性内容进行谈判。

最高人民法院《关于审理建设工程施工合同纠纷案件适用法律问题的解释(一)》

第一条　建设工程施工合同具有下列情形之一的,应当依据民法典第一百五十三条第一款的规定,认定无效:

……

(三)建设工程必须进行招标而未招标或者中标无效的。

……

---

① 类似案例可参见最高人民法院(2021)最高法民申5258号案。

② 类似案例可参见最高人民法院(2020)最高法民终534号案。

【律师解读】

上述两则典型案例中，法院对于非必须招标的工程双方在招标前签订的合同是否有效，存在完全相反的观点。笔者认为，双方在招标前自愿达成真实意思表示的标前合同，应当认定有效。但若双方明知后续还要进行招投标程序，并根据中标结果另行签订合同，双方在招标前签订的合同就违反了《招标投标法》第 43 条的规定，应当认定合同无效。

10 合同无效但建设工程验收合格的，可以参照适用的"关于工程价款的约定"的范围是什么？

【争议问题】

现行法律规定，建设工程施工合同无效但是建设工程经验收合格的，可以参照合同"关于工程价款的约定"折价补偿承包人。"关于工程价款的约定"的范围是什么？哪些条款属于关于工程价款的约定？

【裁判观点】

"关于工程价款的约定"主要指工程款计价方法、计价标准等与工程价款数额有关的约定，关于工程价款支付条件的约定不属于可以参照适用的合同约定。

【典型案例】最高人民法院（2019）最高法民终 1852 号

在该案中，法院认为，双方签订的《建筑工程施工合同》属于无效合同，因此，涉案合同关于同步结算支付的条款也无效。最高人民法院《关于审理建设工程施工合同纠纷案件适用法律问题的解释》（已失效）第 2 条规定的"请求参照合同约定支付工程价款"中的"合同约定"主要指工程款计价方法、计价标准等与工程价款数额有关的约定，关于工程价款支付条件的约定不属于可以参照适用的合同约定。

【法律依据】

《民法典》

第七百九十三条第一款　建设工程施工合同无效，但是建设工程经验收合格的，可以参照合同关于工程价款的约定折价补偿承包人。

山东高院民一庭《关于审理建设工程施工合同纠纷案件若干问题的解答》

1. 施工合同无效，当事人主张参照合同约定结算工程价款，如何处理？

施工合同无效，建设工程经竣工验收合格的，可以将合同中关于工程价款、付款时间、工程款支付进度、下浮率、质保金等约定条款作为折价补偿的依据。

【律师解读】

《民法典》第 793 条明确规定：建设工程施工合同无效，但是建设工程经验收合格的，可以参照合同关于工程价款的约定折价补偿承包人。在《民法典》颁布之前，2005 年实施的《关于审理建设工程施工合同纠纷案件适用法律问题的解释》（已失效）中也有类似规定。在实践中，一直有“施工合同无效按有效处理”的说法。但这种说法并不准确，法律只规定了关于工程价款的约定可以参照适用，除此之外的其他条款并不能参照。而且对于哪些条款属于工程价款方面的条款，实践中并不容易划分清楚。司法实践中有扩大解释和缩小解释两种倾向。如果做扩大解释，则关于工程价款的计价方法、付款时间和条件、结算方法等均可以参照；如果做缩小解释，则只限于工程计价和结算的内容。上述（2019）最高法民终 1852 号案显然是做缩小解释的典型案例，但实践中也存在较多的扩大解释的案例。

11 承包人主张无效合同中的预期利润损失是否可得到支持？

【争议问题】

合同无效情形下，承包人主张预期利润损失的，能否得到支持？

【裁判观点】

承包人主张无效合同中的预期利润损失的不予支持。

【典型案例】最高人民法院（2021）最高法民终 412 号

在该案中，法院认为，原《合同法》第 58 条规定，合同无效或者被撤销后，因该合同取得的财产，应当予以返还；不能返还或者没有必要返还的，应当折价补偿。有过错的一方应当赔偿对方因此所受到的损失，双方都有过错的，应当各自承担相应的责任。原《合同法》第 113 条第 1 款规定，当事人一方不履行合同义务或者履行合同义务不符合约定，给对方造成损失的，损失赔偿额应当相当于因违约所造成的损失，包括合同履行后可以获得的利益，但不得超过违反合同一方订立合同时预见到或者应当预见到的因违反合同可能造成的损失。根据上述规定，预期利润损失是在合同有效情形下可以获得的赔偿，在潘某进与中铁十二局二公司形成的事实建设工程分包合同无效的情况下，对潘某进关于预期利润进行鉴定的申请不予准许。①

【法律依据】

《民法典》

第一百五十七条 民事法律行为无效、被撤销或者确定不发生效力后，行为人因该行为取得的财产，应当予以返还；不能返还或者没有必要返还的，应当折价补偿。有过错的一方应当赔偿对方由此所受到的损失；各方都有过错的，应当各自承担相应的责任。法律另有规定的，依照其规定。

第五百八十四条 当事人一方不履行合同义务或者履行合同义务不符合约定，造成对方损失的，损失赔偿额应当相当于因违约所造成的损失，包括合同履行后可以获得的利益；但是，不得超过违约一方订立合同时预见到或者应当预见到的因违约可能造成的损失。

最高人民法院《关于审理建设工程施工合同纠纷案件适用法律问题的解释（一）》

第六条 建设工程施工合同无效，一方当事人请求对方赔偿损失的，应当就对方过错、损失大小、过错与损失之间的因果关系承担举证责任。

损失大小无法确定，一方当事人请求参照合同约定的质量标准、建设工期、工程价款支付时间等内容确定损失大小的，人民法院可以结合双方过错程度、过错与损失之间的因果关系等因素作出裁判。

【律师解读】

从法律逻辑来看，合同无效情形下损失赔偿责任的认定规则，与合同有效情形下违约责任的规则并不相同。预期利润损失赔偿是合同有效情形下的违约责任规则，在合同无效时没有适用的空间。但值得注意的是，建设工程合同纠纷的特殊性在于：在合同无效情形下，若工程验收合格，法院将参照合同价款的有关约定判定折价补偿，而合同价款中通常已经包含承包人的利润。因此，这个问题其实是一个

① 类似案例可参见最高人民法院（2019）最高法民终1085号案以及广东省高级人民法院（2021）粤民申3213号案。

伪命题,在当事人确定诉讼请求时稍加注意便可以避免。

12 施工合同无效,结算性质的协议是否亦无效?

【争议问题】

施工合同被认定无效,双方另行签订的结算性质的补充协议是否亦无效?

【裁判观点】

补充协议系结算性质的协议,内容不违反法律禁止性规定,应属有效合同。

【典型案例】最高人民法院(2021)最高法民申6250号

在该案中,法院认为,陈某与远华公司签订的《施工合同》虽因陈某不具有建设工程的资质应属无效,但双方签订的《补充协议》主要内容是将《施工合同》项下工程价款变更为《补充协议》签订日之前远华公司已付款总金额再加2000万元作为陈某的结算总金额,即《补充协议》系结算性质的协议。原审判决据此认定《补充协议》内容不违反法律禁止性规定,应属有效合同,并无不当。①

【法律依据】

《民法典》

第一百四十三条　具备下列条件的民事法律行为有效:

(一)行为人具有相应的民事行为能力;

(二)意思表示真实;

(三)不违反法律、行政法规的强制性规定,不违背公序良俗。

第一百五十三条　违反法律、行政法规的强制性规定的民事法律行为无效。但是,该强制性规定不导致该民事法律行为无效的除外。

违背公序良俗的民事法律行为无效。

【律师解读】

结算协议是对工程价款结算达成的合意,具有相对独立性。司法实践中,法院通常不会因施工合同无效,一并认定结算性质的协议或补充协议无效。

---

① 类似案例可参见最高人民法院(2021)最高法民申4754号案以及(2021)最高法民申2553号案。

13 合同无效的，工程款的应付款时间如何确定？

【争议问题】

建设工程施工合同无效的情形下，合同的付款条款亦无效，此时应如何确定发包人应付款的时间？

【裁判观点】

建设工程施工合同无效的，工程款付款时间按约定不明处理。

【典型案例】最高人民法院(2021)最高法民申3404号

在该案中，法院认为，因案涉《建设工程施工合同》无效，故《补充协议(一)》第12条关于“工程预(结)算办理”的约定不能适用，应按工程款付款时间约定不明处理。依照最高人民法院《关于审理建设工程施工合同纠纷案件适用法律问题的解释》(已失效)第17条“当事人对欠付工程价款利息计付标准有约定的，按照约定处理；没有约定的，按照中国人民银行发布的同期同类贷款利率计息”及第18条“利息从应付工程价款之日计付。当事人对付款时间没有约定或者约定不明的，下列时间视为应付款时间：(一)建设工程已实际交付的，为交付之日；(二)建设工程没有交付的，为提交竣工结算文件之日；(三)建设工程未交付，工程价款也未结算的，为当事人起诉之日”的规定，案涉工程于2017年3月20日交付特驱置业使用，应从2017年3月20日开始计息。特驱置业关于所欠工程款利息应按判决生效之日起算的主张于法无据，且其也未提供证据证明工程款未结算的责任在被申请人。因此，二审法院认定特驱置业自2017年3月20日起以未支付工程款为本金按照中国人民银行同期贷款利率计付利息，符合法律规定；特驱置业的主张无事实和法律依据。①

【法律依据】

《民法典》

第七百九十三条第一款 建设工程施工合同无效，但是建设工程经验收合格的，可以参照合同关于工程价款的约定折价补偿承包人。

---

① 类似案例可参见最高人民法院(2021)最高法民申1940号案。

最高人民法院《关于审理建设工程施工合同纠纷案件适用法律问题的解释(一)》

第二十七条　利息从应付工程价款之日开始计付。当事人对付款时间没有约定或者约定不明的,下列时间视为应付款时间:

(一)建设工程已实际交付的,为交付之日;

(二)建设工程没有交付的,为提交竣工结算文件之日;

(三)建设工程未交付,工程价款也未结算的,为当事人起诉之日。

【律师解读】

按照《民法典》第793条的明确规定,在建设工程施工合同无效的情形下,承包人无权再依据合同约定向发包人主张工程欠款及相应利息,而只能要求发包人给予折价补偿,因而不能适用合同约定的付款时间,只能视为折价补偿款的付款时间没有约定。实践中,法院通常会依据最高人民法院《关于审理建设工程施工合同纠纷案件适用法律问题的解释(一)》的相关规定认定应付款时间和相应利息起算时点。

第二章 工程质量有关争议

工程管理的三大目标是质量、工期和造价，工程质量问题并非施工合同纠纷中争议最多的，但却是最重要的。建设工程质量事关公共安全，保证工程质量不仅是承包人的基本合同义务，也是一项法定义务。工程质量合格是承包人获得工程价款或折价补偿款的前提。但除了承包人外，发包人以及其他工程参与人如勘察设计单位、监理单位等对工程质量亦负有法定的责任。当工程出现质量问题时，谁应当对质量问题承担责任，以及应承担何种责任是常见的争议问题。

1 工程未经竣工验收，发包人擅自使用的，是否视为已经竣工验收？

【争议问题】

工程完工后，因发包人与承包人发生纠纷，无法完成竣工验收手续，发包人占有和使用建筑物的，是否可视为工程已竣工验收？

【裁判观点】

工程虽未竣工验收，发包人擅自占有使用且未能提供证据证明工程存在根本质量问题的，视为已经竣工验收。

【典型案例】最高人民法院（2021）最高法民申 5282 号

在该案中，法院认为，案涉工程未经竣工验收，正诚公司即已接收使用，其并未提供证据证明案涉工程存在根本质量问题。根据最高人民法院《关于审理建设工程施工合同纠纷案件适用法律问题的解释》（已失效）第 13 条关于“建设工程未经竣工验收，发包人擅自使用后，又以使用部分质量不符合约定为由主张权利的，不予支持；但是承包人应当在建设工程的合理使用寿命内对地基基础工程和主体结构质量承担民事责任”的规定，一审、二审判决认定案涉工程可以视为已竣工验收，并无不当。

【法律依据】

最高人民法院《关于审理建设工程施工合同纠纷案件适用法律问题的解释(一)》

第十四条　建设工程未经竣工验收，发包人擅自使用后，又以使用部分质量不符合约定为由主张权利的，人民法院不予支持；但是承包人应当在建设工程的合理使用寿命内对地基基础工程和主体结构质量承担民事责任。

【律师解读】

工程未经竣工验收，发包人擅自使用有两大风险：一是可能导致承包人对地基基础工程和主体结构以外部分的工程质量免责，发包人丧失就该等工程质量问题寻求救济的权利；二是工程将被视为已竣工验收，发包人应履行相应的付款义务，且利息、保修期间都要开始计算。

2 发包人未组织竣工验收的，其是否有权对工程质量提出异议？

【争议问题】

发包人未按正常竣工流程组织工程竣工验收的，其能否在后续诉讼中对工程质量提出异议并申请质量鉴定？

【裁判观点】

发包人未履行组织验收义务的，其不得另行申请对工程质量进行鉴定。

【典型案例】山东省高级人民法院(2020)鲁民终2313号

在该案中，法院认为，对东阳三建已完成的工程组织质量验收是一审法院指定金益德公司限期履行的义务，也是金益德公司的法定义务。在涉案工程未进行质量验收、金益德公司未提交证据证实其已完全履行了组织验收义务的情况下，一审法院认定金益德公司未组织工程质量验收，应对涉案工程未进行质量验收承担相应的不利后果，是正确的。建设工程只有通过质量验收，才能确定其是否合格。金益德公司不组织对涉案工程进行质量验收，反而申请对涉案工程质量及修复费用进行鉴定，要求东阳三建承担修复费用，不符合《建筑法》的有关规定，一审法院不予支持是正确的。

【法律依据】

《建设工程质量管理条例》

第十六条 建设单位收到建设工程竣工报告后，应当组织设计、施工、工程监理等有关单位进行竣工验收。

建设工程竣工验收应当具备下列条件：

（一）完成建设工程设计和合同约定的各项内容；

（二）有完整的技术档案和施工管理资料；

（三）有工程使用的主要建筑材料、建筑构配件和设备的进场试验报告；

（四）有勘察、设计、施工、工程监理等单位分别签署的质量合格文件；

（五）有施工单位签署的工程保修书。

建设工程经验收合格的，方可交付使用。

【律师解读】

只有通过竣工验收才能确定建设工程是否合格，竣工验收程序是确认工程是否合格的必经程序。发包人在竣工验收程序中负有重要的组织职责，对已完成的工程组织竣工验收是发包人的法定义务，发包人未履行组织竣工验收义务的，应承担相应的不利后果。在未组织竣工验收的情况下，不得仅通过申请对工程质量进行鉴定，就视为工程已经验收合格。

3 承包人拒不配合验收应承担什么违约责任？

【争议问题】

实践中，承包人常以不配合竣工验收等手段与发包人进行结算博弈。承包人长期不配合办理竣工验收，发包人是否可以主张高额违约金等违约责任？

【裁判观点】

施工单位不配合办理竣工验收手续导致长期无法办理产权证的，应按照施工合同约定承担逾期验收违约金。

【典型案例】最高人民法院（2021）最高法民申6305号

在该案中，法院认为，本案双方当事人签订的《建设工程施工合同补充协议》

第12条第2款第17项约定,建工公司应及时协助天工公司办理好有关施工许可证和施工验收所涉及的政府及其他单位的许可手续,并办理政府规定属于建工公司职责范围内的申请房产证等手续,若因建工公司原因未能及时办理相关证件,则按双方确认的结算总造价的10%从建工公司结算款中扣除。由此,建工公司就其施工范围内的人防工程负有配合天工公司办理竣工验收及备案手续的合同义务。根据原审查明的事实,天工公司于2017年5月22日组织各参建主体并邀请人防工程质量监督机构进行人防工程的竣工验收,建工公司一直未配合天工公司办理相关手续。天工公司于2018年5月9日向法院提起诉讼,请求判令建工公司配合办理竣工验收手续,但建工公司直至2018年11月19日福建省龙岩市中级人民法院就该案作出(2018)闽08民终1794号民事判决后,方才予以协助、配合。二审判决综合考虑以上事实及合同关于违约金的约定、建工公司的违约过错以及建工公司不配合办理人防工程竣工验收及备案手续致天工公司案涉项目长期无法办理产权证等因素,判令建工公司按案涉工程结算总造价的10%承担人防工程逾期验收违约金,并无不当。建工公司关于二审判决认定的人防工程逾期验收违约金过高、应予调整的主张,不予支持。

【法律依据】

《建设工程质量管理条例》

第十六条 建设单位收到建设工程竣工报告后,应当组织设计、施工、工程监理等有关单位进行竣工验收。

建设工程竣工验收应当具备下列条件:

(一)完成建设工程设计和合同约定的各项内容;

(二)有完整的技术档案和施工管理资料;

(三)有工程使用的主要建筑材料、建筑构配件和设备的进场试验报告;

(四)有勘察、设计、施工、工程监理等单位分别签署的质量合格文件;

(五)有施工单位签署的工程保修书。

建设工程经验收合格的,方可交付使用。

【律师解读】

竣工验收程序是建设工程交付使用的必要前提条件,竣工验收程序需要建设工程各相关方的共同参与,其中承包人配合提供施工资料等至关重要。实践中,承包人以拖延验收为手段向发包人索要工程款的情形比较常见。本案中,承包人不配合办理竣工验收手续导致发包方长期无法办理产权证,发包人对此在施工合同中约定了较高的违约金,法院最终判定承包人应按照施工合同约定承担逾期验收违约金。本案对于实践中发包人督促承包人验收具有借鉴意义。

4 承包人按发包人指示施工,其是否应对工程质量问题承担责任?

【争议问题】

承包人对工程质量隐患提出建议后,发包人未采纳承包人的建议,要求承包人继续施工,因此出现的质量问题的,承包人是否应当承担责任?

【裁判观点1】

承包人对质量隐患提出建议,但发包人未接受建议让承包人继续施工的,承包人应对质量问题承担次要责任。

【典型案例】最高人民法院(2012)民提字第20号

在该案中,法院认为,案涉工程质量出现重大问题,建设单位与施工单位均有过错。海擎公司违反诚信原则,在签订合同之前未提交岩土工程详细勘察报告,未提交经过审核的施工图纸,违反《建设工程质量管理条例》规定的基本建设程序,为质量事故发生埋下隐患;海擎公司未能会同监理单位、设计单位对于施工单位提出的"增加桩长、提高承台"的合理建议予以充分重视并研究相应措施,亦未能会同监理单位对施工单位的土方开挖方案进行审查及组织专家论证,且在施工过程中,使用载重汽车参与土方开挖及运输导致道路碾压。海擎公司一味强调工程造价为不变价,并以中兴公司施工应当采取何种方案与建设单位无关为由,对施工单位调整设计方案的建议未予重视与答复,故应承担相应的责任。作为专业施工单位,中兴公司在没有看到岩土详细勘察报告及经过审核的施工图情况下,即投标承揽工程,本身就不够慎重;其发现特殊地质情况后虽提出建议,但在海擎公司不予认可之后仍不计后果冒险施工,对桩基出现的质量问题采取了一种放任态度。这种主观状态和做法应得到否定性评价。如果中兴公司真正关心工程质量,应当与海擎公司就地质情况所带来的问题进行协商;协商不成,明知工程无法继续的,应当采取措施避免损失的扩大。从案涉工程施工开始,中兴公司都可采取停止施工的止损措施,但其为了自己的合同利益,一味蛮干,且直到2008年3月6日,还与海擎公司签订内容为"考虑到中兴公司施工有一定困难土方量加大,海擎公司一次性补助中兴公司42万元,对中兴公司在施工过程中出现的道路、排水、塌方等一切困难及问题,海擎公司一律不再承担任何费用,全部由中兴公司自行承担并解决"的补充协议。中兴公司虽主张该协议的补助仅是针对土方量增加的补助而非工程质量问题,但也说明中兴公司为谋取合同利益而忽视质量风险。因此法院认为中兴公司对工程质量事故责任应承担比二审判决所确定的比例更高的责任。综上所述,建设单位海擎公司对本案工程质量问题的发生应承担主要责任,施工单位中兴公司承担次要责任。应对二审法院确定的责任比例进行调整,由海擎公司对本案工程质量问题的发生承担70%的责任,中兴公司承担30%的责任。

【裁判观点2】

承包人按照发包人指示使用存在消防安全隐患的材料进行施工,其亦应承担相应的过错责任。

【典型案例】山东省高级人民法院(2021)鲁民申1754号

在该案中,法院认为,在涉案工程建筑设计说明已经明确耐火等级需要达到二级、屋面采用100厚玻璃棉夹芯板的情况下,正宇公司作为具有资质的专业施工企业,应明知泡沫夹心彩钢板不符合消防要求,但其仍同意变更合同,使用不符合消防安全的材料进行施工,原审认定其应承担相应的过错责任并无不当。

【法律依据】

《建设工程质量管理条例》

第十条　建设工程发包单位不得迫使承包方以低于成本的价格竞标,不得任意压缩合理工期。

建设单位不得明示或者暗示设计单位或者施工单位违反工程建设强制性标准,降低建设工程质量。

第二十八条　施工单位必须按照工程设计图纸和施工技术标准施工,不得擅自修改工程设计,不得偷工减料。

施工单位在施工过程中发现设计文件和图纸有差错的,应当及时提出意见和建议。

最高人民法院《关于审理建设工程施工合同纠纷案件适用法律问题的解释(一)》

第十三条 发包人具有下列情形之一,造成建设工程质量缺陷,应当承担过错责任:

(一)提供的设计有缺陷;

(二)提供或者指定购买的建筑材料、建筑构配件、设备不符合强制性标准;

(三)直接指定分包人分包专业工程。

承包人有过错的,也应当承担相应的过错责任。

【律师解读】

建设工程事关公共利益和公共安全,发包方和承包方均需对工程质量承担责任。发包人不得指令承包人违反强制性规范、使用不合格材料,否则应对工程质量承担责任。而作为具有资质的专业施工企业,承包人在施工过程中发现质量安全隐患,或在明知发包人指示存在质量或安全隐患情况下,应当及时向发包人反映并提出建议;若提出的建议未得到采纳,应以工程质量安全为重,采取停止施工等止损措施以防止损失进一步扩大,不得采取放任态度不计后果地继续冒险施工。否则,承包人应对工程质量问题承担相应的过错责任。

5 承包人拒不提供工程资料配合竣工验收备案,应承担什么责任?

【争议问题】

工程竣工后,承包人拒不配合提供工程资料协助发包人完成竣工备案,发包人是否有权要求承包人协助提供并赔偿损失?

【裁判观点】

承包人拒不配合提供工程资料导致竣工验收备案迟延,承包人应按照其过错赔偿发包人的损失。

【典型案例】最高人民法院(2021)最高法民申2206号

在该案中,法院认为,原判决关于"苏中公司作为房地产项目的总包单位在长达数年的时间里一直未向昌隆公司交付其施工的工程资料,未能履行配合工程档案备案的协作义务,违反了《补充协议》的约定"的事实认定,并无不当。由于双方并未明确约定,苏中公司必须汇总其他施工单位资料后才向昌隆公司报送自身施工部分的资料。故不管昌隆公司直接分包的施工单位是否向苏中公司移交相关分部分项工程施工资料,苏中公司作为施工单位都应向昌隆公司报送其自行施工部分的施工资料。苏中公司以此作为其在案涉工程完工后长达数年都未向昌隆公司报送其施工部分的施工资料的理由,不能成立,苏中公司是案涉工程的主要施工单位,其未按约提交其施工部分施工资料也会直接影响案涉工程的竣工验收和竣工验收备案,原判决也考虑了唐山市当地当时的商业写字楼销售实际情况酌定苏中公司对损失承担20%的责任。

【法律依据】

《建设工程质量管理条例》

第十六条 建设单位收到建设工程竣工报告后,应当组织设计、施工、工程监理等有关单位进行竣工验收。

建设工程竣工验收应当具备下列条件:

(一)完成建设工程设计和合同约定的各项内容;

(二)有完整的技术档案和施工管理资料;

(三)有工程使用的主要建筑材料、建筑构配件和设备的进场试验报告;

(四)有勘察、设计、施工、工程监理等单位分别签署的质量合格文件;

(五)有施工单位签署的工程保修书。

建设工程经验收合格的,方可交付使用。

第十七条 建设单位应当严格按照国家有关档案管理的规定,及时收集、整理建设项目各环节的文件资料,建立、健全建设项目档案,并在建设工程竣工验收后,及时向建设行政主管部门或者其他有关部门移交建设项目档案。

《第八次全国法院民事商事审判工作会议(民事部分)纪要》

34. 承包人不履行配合工程档案备案、开具发票等协作义务的,人民法院视违约情节,可以依据合同法第六十条、第一百零七条规定,判令承包人限期履行、赔偿损失等。

【律师解读】

承包人有配合发包人进行工程档案备案、开具发票等协助义务,若承包人拒不履行协助义务,不配合发包人办理竣工验收备案和工程档案移交,发包人可以诉请其限期履行并赔偿损失。为降低发包人在诉讼中对损失的举证难度以及减少执行中的困难，建议发包人在合同中对承包人拒不履行协助义务的情形约定明确的违约责任。

6 工程竣工验收合格是否意味着承包人质量担保责任的免除？

【争议问题】

工程竣工验收合格后，因承包人施工的原因发生质量事故的，承包人是否仍应承担民事责任？

【裁判观点】

工程竣工验收合格，并不免除承包人对施工质量的担保责任。

【典型案例】最高人民法院（2019）最高法民申5769号

在该案中，法院认为，《建筑法》第80条规定："在建筑物的合理使用寿命内，因建筑工程质量不合格受到损害的，有权向责任者要求赔偿。"据此，工程验收合格不等于工程真正合格，因施工人的原因发生质量事故的，其依法仍应承担民事责任。任何法律、法规均没有工程一经验收合格，施工人对之后出现的任何质量问题均可免责的规定。市政公司以案涉工程已经正式通过竣工验收为由主张其不应承担责任，理由不能成立。①

【法律依据】

《建筑法》

第八十条 在建筑物的合理使用寿命内，因建筑工程质量不合格受到损害的，有权向责任者要求赔偿。

《民法典》

第八百零二条 因承包人的原因致使建设工程在合理使用期限内造成人身损害和财产损失的，承包人应当承担赔偿责任。

《建设工程质量管理条例》

第四十一条 建设工程在保修范围和保修期限内发生质量问题的，施工单位应当履行保修义务，并对造成的损失承担赔偿责任。

---

① 类似案例可参见山东省高级人民法院（2020）鲁民申7071号案。

【律师解读】

建设工程竣工验收合格,并不意味着建设工程质量的合格。在建设工程保修范围和保修期限内,发生质量问题,施工单位应当履行保修义务,并对造成的损失承担赔偿责任。在建设工程保修期满后,若建设工程因施工人未按图施工等过错出现质量问题,施工单位仍应当承担质量担保义务,并对造成的损失承担赔偿责任。

7 发包人委托第三方维修产生的费用是否应由承包人承担?

【争议问题】

在工程保修期内,发包人发现质量问题后通知承包人前来维修,承包人以不属于其责任范围为由拒绝维修,发包人另行委托第三方维修,由此产生的维修费用应由哪一方承担?

【裁判观点】

在认定保修责任承担方时,发包人要对维修部位属于承包人的保修范围承担举证责任。

【典型案例】北京市高级人民法院(2021)京民申6518号

在该案中,法院认为,当事人对自己提出的诉讼请求所依据的事实或者反驳对方诉讼请求所依据的事实,应当提供证据加以证明,但法律另有规定的除外。在作出判决前,当事人未能提供证据或者证据不足以证明其事实主张的,由负有举证证明责任的当事人承担不利的后果。本案中,中中防水公司与中建一局三公司签订的《建设工程施工专业分包合同》系双方的真实意思表示,合法有效,双方均应依约履行。保修期内,中建一局三公司向中中防水公司提出对因施工质量导致的问题进行维修,中中防水公司以未发现漏水点、未发现严重质量问题为由拒绝维修,后中建一局三公司自行维修并产生了相应的费用。经过鉴定,中中防水公司施工存在的部分质量问题尚未修复。一审、二审法院根据查明的事实和在案证据,结合双方的诉辩主张及举证情况,综合考虑鉴定意见、中建一局三公司对涉案项目的维修情况、中中防水公司实际施工范围等因素,酌情确定中中防水公司向中建一局三公司赔偿维修损失的数额并无不当。

【法律依据】

最高人民法院《关于适用〈中华人民共和国民事诉讼法〉的解释》

第九十条 当事人对自己提出的诉讼请求所依据的事实或者反驳对方诉讼请求所依据的事实，应当提供证据加以证明，但法律另有规定的除外。

在作出判决前，当事人未能提供证据或者证据不足以证明其事实主张的，由负有举证证明责任的当事人承担不利的后果。

《建设工程质量管理条例》

第四十一条 建设工程在保修范围和保修期限内发生质量问题的，施工单位应当履行保修义务，并对造成的损失承担赔偿责任。

【律师解读】

依据举证责任规则，各方应承担己方的举证证明责任。其中发包人要对如下事实举证：(1)维修部位属于承包人施工的范围。(2)出现质量问题是施工不当导致的。上述(2021)京民申6518号案中，发包人诉请承包人应承担的维修费损失和违约金约300万元，最终法院只支持了60万元，只占其诉讼请求的1/5。主要理由是发包人没有能够充分举证证明维修的范围全部为承包人的施工范围，因而承担了举证不能的不利后果。因此，保修期内承包人以质量问题不属于其保修范围为由，拒不承担维修责任的，发包人在委托第三方维修之前，应当对出现质量问题的范围和原因进行查明并固定证据，否则将可能承担不利的举证后果。当然，承包人拒不到现场配合查验质量问题的，应由承包人承担不利后果。

8 承包人中途撤场的，工程质量问题的举证责任在哪一方？

【争议问题】

施工过程中，因双方纠纷中途更换承包人的，对于原施工工程部分是否合格，应由哪一方承担举证责任？

【裁判观点】

原承包人中途退场后，发包人安排新承包人进场施工的，视为发包人对原工程质量无异议。

【典型案例】最高人民法院(2020)最高法民申4310号

在该案中,法院认为,2016年8月8日《会议纪要》明确:“甲方同意乙方退场”“双方认可已完成的工程形象进度起3日内,新的施工队伍就可以进场施工”,仟浩公司在一审庭审中也承认有他人进场施工。在同意弘盛公司退场的前提下,仟浩公司应当采取措施减少损失,且办理施工许可证本为发包方仟浩公司的义务,因无法取得施工许可证致工程停滞的责任应由其自行承担。在此情形下,仟浩公司接受工程,并安排让人进场,视为其对工程质量无异议,故对工程质量、修复或拆除费、未完工程造价进行鉴定已无必要。①

【法律依据】

最高人民法院《关于审理建设工程施工合同纠纷案件适用法律问题的解释(一)》

第十四条　建设工程未经竣工验收,发包人擅自使用后,又以使用部分质量不符合约定为由主张权利的,人民法院不予支持;但是承包人应当在建设工程的合理使用寿命内对地基基础工程和主体结构质量承担民事责任。

【律师解读】

工程正常竣工的情形下,工程质量合格的证明责任由承包人承担。在工程施工半途,发包人更换承包人的,应在原承包人撤场前,对已完工程的质量、工作面、已完工程进度等进行确认,确认无争议后再行交接。否则,有可能导致新老承包人之间互相推诿,无法追究原承包人的质量责任,最终由发包人自行承担不利后果。

9 应如何划分参建各方对工程质量问题应承担的责任?

【争议问题】

工程出现质量问题往往是多方原因造成的,应如何划分参建各方对工程质量问题的责任?

【裁判观点】

参建各方对工程质量均具有过错的,应根据各自的过错程度承担相应责任。

---

① 类似案例可参见山东省高级人民法院(2020)鲁民终2078号案。

【典型案例】最高人民法院(2018)最高法民终38号

在该案中,法院认为,从鉴定意见看,贵州一建施工的工程质量不仅存在一审判决认定的管线不通问题,还存在指定位置上未设置消火栓、未按设计或规范要求进行施工等问题。对此,施工人存在过错。具体来说,管线工程系隐蔽工程,原《合同法》第278条规定,“隐蔽工程在隐蔽以前,承包人应当通知发包人检查。发包人没有及时检查的,承包人可以顺延工程日期,并有权要求赔偿停工、窝工等损失”。贵州一建在二审中虽主张其已经通知金滩源公司及监理公司检查,但是并未提供证据证实,应当承担举证不能的不利后果。贵州一建对管线不通等质量问题,应当承担主要责任;金滩源公司作为发包方,没有及时检查管线工程质量,也应承担相应的责任。一审法院以无法查明管线不通的原因为由,酌定双方当事人各承担一半责任,是非判断不准,缺乏充分的事实和法律依据。贵州一建上诉主张其不承担责任;金滩源公司上诉主张,此部分质量缺陷损失应由贵州一建全部承担,诉请理由均不充分。法院酌定,对管线不通部分修复费用325,834元,由贵州一建承担90%的赔偿责任,即赔偿金滩源公司293,250.60元,剩余部分由金滩源公司自行承担。

【法律依据】

《民法典》

第七百九十八条 隐蔽工程在隐蔽以前,承包人应当通知发包人检查。发包人没有及时检查的,承包人可以顺延工程日期,并有权请求赔偿停工、窝工等损失。

《建设工程质量管理条例》

第三十条 施工单位必须建立、健全施工质量的检验制度,严格工序管理,作好隐蔽工程的质量检查和记录。隐蔽工程在隐蔽前,施工单位应当通知建设单位和建设工程质量监督机构。

【律师解读】

实践中,工程质量问题的出现大多是由多种原因导致的,若参建各方当事人对质量问题均有过错,法院一般会根据各方的过错程度划分相应的责任。但过错的比例一般没有准确的确定依据,属于法官自由裁量的范畴。

10 工程在保修期内出现质量问题，承包人应承担何种责任？

【争议问题】

工程在保修期内出现质量问题，承包人应承担局部维修责任还是全面整改修复责任？

【裁判观点】

若工程质量问题系承包人偷工减料造成的，承包人应承担全面重作义务，而非仅仅是保修义务。

【典型案例】江苏南通二建集团有限公司（以下简称南通二建）与吴江恒森房地产开发有限公司（以下简称恒森公司）建设工程施工合同纠纷案（载《最高人民法院公报》2014 年第 8 期）

在该案中，法院认为，屋面广泛性渗漏属客观存在并已经法院确认的事实，竣工验收合格证明及其他任何书面证明均不能对该客观事实形成有效对抗，故南通二建根据验收合格抗辩屋面广泛性渗漏，其理由不能成立。其依据《建设工程质量管理条例》，认为其只应承担保修责任而不应重作的立场，同样不能成立。因为该条例是管理性规范，而本案屋面渗漏主要系南通二建施工过程中偷工减料而形成的，其交付的屋面本身不符合合同约定，且已对恒森公司形成仅保修无法救济的损害，故本案裁判的基本依据为原《民法通则》、原《合同法》等基本法律而非该条例，根据法律位阶关系，该条例在本案中只作参考。本案中屋面渗漏质量问题的赔偿责任应按"谁造成，谁承担"的原则处理，这是符合法律的公平原则的。

关于本案屋面渗漏应按何种方案修复的问题，二审认为，根据原《合同法》第 107 条、第 281 条之规定，因施工方原因致使工程质量不符合约定的，施工方理应承担无偿修理、返工、改建或赔偿损失等违约责任。本案中，双方当事人对涉案屋面所做的工序进行了明确约定，然而，南通二建在施工过程中，擅自减少多道工序，尤其是缺少对防水起重要作用的 2.0 厚聚合物水泥基弹性防水涂料层，其交付的屋面不符合约定要求，导致屋面渗漏，其理应对此承担违约责任。鉴于恒森公司几经局部维修仍不能彻底解决屋面渗漏，双方当事人亦失去信任的合作基础，为彻底解决双方矛盾，原审法院按照司法鉴定意见认定按全面设计方案修复，并判决由恒森公司自行委托第三方参照全面设计方案对屋面渗漏予以整改，南通二建承担与改建相应责任有事实和法律依据，亦属必要。

【法律依据】

《民法典》

第八百零一条　因施工人的原因致使建设工程质量不符合约定的，发包人有权请求施工人在合理期限内无偿修理或者返工、改建。经过修理或者返工、改建后，造成逾期交付的，施工人应当承担违约责任。

第八百零二条　因承包人的原因致使建设工程在合理使用期限内造成人身损害和财产损失的，承包人应当承担赔偿责任。

《建设工程质量管理条例》

第四十一条　建设工程在保修范围和保修期限内发生质量问题的，施工单位应当履行保修义务，并对造成的损失承担赔偿责任。

【律师解读】

在保修期内，承包人依法对工程质量承担保修义务。在维修时，承包人往往采取的是小修小补的维修方案，有时无法彻底修复质量问题。当工程出现承包人原因导致的质量问题，且经局部修复不能彻底解决时，为彻底解决问题，发包人可按司法鉴定意见另行委托第三方按照全面设计方案进行修复，承包人应承担与之相对应的赔偿责任。

11 保修期满，承包人是否还对工程质量承担责任？

【争议问题】

工程保修期满，是否意味着承包人不再对工程质量承担担保责任？

【裁判观点】

若工程质量问题系承包人未按图施工造成的，承包人应承担质量瑕疵担保责任，而不受保修期间限制。

【典型案例】北京市高级人民法院(2020)京民终405号

在该案中，法院认为，对于质量保修期届满之后，施工人还应否对工程质量问题承担责任，理论界和实务界存在分歧。一种观点认为，质量保修期满之后，施工人不再承担质量责任，理由是：现行法律明确规定了质量保修期内施工人应承担的保修责任及损失赔偿责任（见《建设工程质量管理条例》第41条），但其对于质量保修期满之后的责任并未作出规定；而且，建筑产品的使用寿命普遍在四五十年，如果在如此长的时间内，均要求施工人承担责任，则会使施工人的责任过重。另一种观点则认为，质量保修期满免除的只是施工人的保修责任，但并不免除其应负的其他法律责任。

法院采纳后一种观点，主要理由包括：(1)原《合同法》第281条规定："因施工人的原因致使建设工程质量不符合约定的，发包人有权要求施工人在合理期限内无偿修理或者返工、改建……"第282条规定："因承包人的原因致使建设工程在合理使用期限内造成人身和财产损害的，承包人应当承担损害赔偿责任。"前述规定设定的施工人质量瑕疵担保责任是一种基本民事责任，非经当事人特别约定或者法律特别规定，并不能任意限制或者免除。(2)国家通过《建设工程质量管理条例》等行政法规、部门规章设立建设工程质量保修制度的目的是"加强对建设工程质量的管理，保证建设工程质量，保护人民生命和财产安全"（见《建设工程质量管理条例》第1条），而不是为了减轻或者限制施工人的法律责任。(3)建设工程质量保修责任与施工人质量瑕疵担保责任在条件和内容上存在明显区别：就前者而言，建设工程只要在保修期内出现质量问题，施工人原则上都应承担保修责任，除非其能够证明质量问题系使用不当所致、由第三方或不可抗力造成（见《房屋建筑工程质量保修办法》第17条）；就后者而言，发包人则必须证明质量问题出于施工人的原因；因此，两种责任相互独立，虽可能竞合，但并不彼此排斥。(4)按照第一种观点，则对《建筑法》第74条和第80条的规定难以作出合理解释，除非该两条设立的责任也都限定在质量保修期内，但这明显不符合条文语义和立法目的。

鉴定报告显示，案涉工程不仅在主体结构部分，而且在其他部分也存在诸多质量问题。鉴定机构已经明确：(1)有些质量问题没有时效作用（如截面尺寸、配筋、抹灰层厚度45毫米没有采取加强措施）；也就是说，从现存质量问题即可推定当初也存在质量问题。(2)有些质量问题有正的时效作用（如混凝土强度随龄期增长），也就是说，从现存质量问题足以推定当初的质量问题更为严重。(3)有些质量问题有负的时效作用（自然损耗），由于目前尚无公认的性能与时间的定量关系曲线，基于现状难以反推当初状态。因此，至少前两类问题是可归责于中建二局三公司的，该公司理应承担相应责任；一审判决仅以保修期满为由驳回捷宸阳光公司的相关诉讼请求，是错误的。

【法律依据】

《民法典》

第八百零一条 因施工人的原因致使建设工程质量不符合约定的，发包人有权请求施工人在合理期限内无偿修理或者返工、改建。经过修理或者返工、改建后，造成逾期交付的，施工人应当承担违约责任。

第八百零二条 因承包人的原因致使建设工程在合理使用期限内造成人身损害和财产损失的，承包人应当承担赔偿责任。

《建筑法》

第七十四条 建筑施工企业在施工中偷工减料的，使用不合格的建筑材料、建筑构配件和设备的，或者有其他不按照工程设计图纸或者施工技术标准施工的行为的，责令改正，处以罚款；情节严重的，责令停业整顿，降低资质等级或者吊销资质证书；造成建筑工程质量不符合规定的质量标准的，负责返工、修理，并赔偿因此造成的损失；构成犯罪的，依法追究刑事责任。

【律师解读】

关于质量保修期届满之后，承包人是否还应继续对工程质量问题承担责任，理论界和实务界均存在分歧。但若工程质量问题是承包人施工中偷工减料，或因使用不合格的建筑材料、建筑构配件和设备，或者有其他不按照工程设计图纸或者施工技术标准的施工行为造成的，保修期满后，承包人仍要承担工程质量瑕疵担保责任。

第三章 工程工期有关争议

在我国目前的工程实践中，质量、工期、造价三大工程管理目标中，工期最不受重视。相比工程质量和工程造价，工期管理的水平也比较低。因此实践中发生工期纠纷时，往往无法准确查明工期延误的原因和责任承担方。同样地，在司法实践中，工期纠纷的裁判观点也往往争议比较大。但最近几年，无论是在工程界还是法律界，有一种共同的积极的变化趋势，就是建设工程主体越来越向先进的国际工程管理经验学习，追求工期的精细化管理。

1 发包人办理施工许可证延误的，承包人是否可以顺延工期？

【争议问题】

发包人原因导致施工许可办理迟延的，承包人是否可以顺延工期？

【裁判观点1】

建设单位按照国家有关规定在建设工程开工前申请领取施工许可证系工程施工应具备的法定条件；发包人未在约定期限申领许可证的，应视为工程不具备开工条件，可以顺延工期。

【典型案例】江苏省高级人民法院(2019)苏民申7414号

在该案中，法院认为，案涉合作协议约定鹏程公司应确保地块具备开工条件。鹏程公司主张双方约定的“开工条件”不包含已办理施工许可证，但其未能提供证据证明双方对此已作出明确约定。而建设单位按照国家有关规定在建设工程开工前申请领取施工许可证系工程施工应具备的法定条件，南建公司主张协议约定的“开工条件”包含已办理施工许可证，于法有据。因鹏程公司未能在约定期限内申请领取施工许可证,案涉工程在约定期限内尚不具备开工条件,二审法院认定鹏程公司构成违约,判令鹏程公司返还收取的工程履约保证金,有事实依据。鹏程公司关于二审判决认定其构成违约属于认定事实错误的申请再审事由不成立。

【裁判观点2】

建设工程施工许可证的延期办理对承包人进行施工没有造成影响的,承包人不能据此主张工期顺延。

【典型案例】浙江省高级人民法院(2020)浙民申3955号

在该案中,法院认为,泰宇公司申请再审时提交新证据一份,即其从衢州市衢江区城建档案馆调取的2014年9月30日《浙江潘氏家具有限公司厂房三竣工验收监理总结报告》,以证明其在2013年6月20日前完成基础工程施工,2013年8月6日施工许可证开出以后,在住建局质监站监督下完成了基础验收。潘氏公司书面质证意见为:首先,该材料不属于新证据;其次,该证据恰恰证明泰宇公司在2013年6月20日前未完成基础工程施工。法院经审查认为,该竣工验收监理总结报告第6条记载,工程质量形成的主要事件包括从2013年4月20日工程测量放样到2014年9月26日向建设单位报送竣工报告共计11项,其中部分内容为:“3、2013年6月14日建设、设计、勘察、监理、施工单位相关技术人员对7-17/A-L轴基础情况进行验收,认为符合要求,同意进入下一道工序施工。4、2013年8月4日整体基础施工完毕。5、2013年8月5日由监理单位组织建设、施工方相关人员对基础地梁的轴线、尺寸偏差进行复核,其偏差均在允许范围之内,即同意组织地基与基础分部工程验收。6、2013年8月6日建设、设计、监理、勘察、施工单位相关技术人员在质监站监督工程师的监督下对基础分部工程进行验收,认为符合要求,同意进入下一道工序施工”。据此,可以认定:2013年8月5日办理建筑工程施工许可证对泰宇公司进行工程施工没有造成影响;泰宇公司申请再审称其在2013年6月20日前完成基础工程施工,因施工许可证推迟至2013年8月5日实际办理致使其施工受阻耽搁工期超过45天,均不能成立。故泰宇公司提交的该证据不属于《民事诉讼法》规定的新的证据,法院不予采纳。①

---

① 类似案例可参见山东省高级人民法院(2020)鲁民终2280号案、(2020)鲁民申2039号案。

【法律依据】

《民法典》

第八百零三条 发包人未按照约定的时间和要求提供原材料、设备、场地、资金、技术资料的，承包人可以顺延工程日期，并有权请求赔偿停工、窝工等损失。

《建筑法》

第七条第一款 建筑工程开工前，建设单位应当按照国家有关规定向工程所在地县级以上人民政府建设行政主管部门申请领取施工许可证；但是，国务院建设行政主管部门确定的限额以下的小型工程除外。

《建筑工程施工许可管理办法》

第三条第一款 本办法规定应当申请领取施工许可证的建筑工程未取得施工许可证的，一律不得开工。

第十二条 对于未取得施工许可证或者为规避办理施工许可证将工程项目分解后擅自施工的，由有管辖权的发证机关责令停止施工，限期改正，对建设单位处工程合同价款1%以上2%以下罚款；对施工单位处3万元以下罚款。

【律师解读】

施工许可证是建设单位在开工前必须办理的前置许可事项。未取得施工许可证的视为工程不具备开工条件，承包人有权拒绝施工并要求顺延工期。但实践中，发包人往往在施工许可办理之前就要求承包人进场施工。在此情形下，承包人若配合进场施工，恐将不能再以此作为工期顺延的事由。从裁判者角度看，工期能否顺延，不仅要看影响工期的事由是否存在，还要看该事由与工期延误之间是否存在因果关系。建议承包人在无证施工前与发包人签订书面协议，就无证施工的责任承担、工期是否调整等作出确认。

2 承包人未按合同约定提交工期顺延申请的，工期能否顺延？

【争议问题】

在合同约定的工期顺延事由发生后，承包人未能按照合同约定的程序向发包人提出工期顺延申请的，工期应否顺延？

【裁判观点】

承包人未按合同约定发出工期顺延申请的,工期不予顺延。

【典型案例】最高人民法院(2021)最高法民申4066号

在该案中,法院认为,关于润扬公司应否承担案涉工程工期延误违约金1,488,000元的问题,第一,根据案涉工程二期项目二标段《建设工程施工合同》关于工期顺延的约定,案涉工程工期顺延须由润扬公司在工期延误事由发生后14天内向奥星公司提出工期顺延报告,奥星公司收到报告后在14天内予以确认;逾期不确认也不提出修改意见的,视为同意顺延工期。原审中,润扬公司陈述其在施工中未向奥星公司提出过工期顺延报告。第二,润扬公司提交的《承诺书》、监理列会纪要等证据均不能证明奥星公司在案涉二期项目二标段工程中有逾期支付工程款的事实。第三,润扬公司虽提交了工作联系函、工程签证、变更通知等证据证明工程存在设计变更,但上述证据中均未载明因设计变更而需对相应的工期进行顺延。据此,原审判决认定润扬公司应向奥星公司支付工期延误违约金1,488,000元,有事实依据,并无不当。①

【法律依据】

最高人民法院《关于审理建设工程施工合同纠纷案件适用法律问题的解释(一)》

第十条第二款　当事人约定承包人未在约定期限内提出工期顺延申请视为工期不顺延的,按照约定处理,但发包人在约定期限后同意工期顺延或者承包人提出合理抗辩的除外。

《建设工程施工合同(示范文本)》(GF—2017—0201)"通用合同条款"

19.1　承包人的索赔

……

(1)承包人应在知道或应当知道索赔事件发生后28天内,向监理人递交索赔意向通知书,并说明发生索赔事件的事由;承包人未在前述28天内发出索赔意向通知书的,丧失要求追加付款和(或)延长工期的权利;

……

---

① 类似案例可参见最高人民法院(2021)最高法民申3027号案、广东省高级人民法院(2020)粤民申5758号案、山东省高级人民法院(2021)鲁民申7457号案。

【律师解读】

目前,司法实践中已逐步认可索赔过期失权制度,无论是发包人还是承包人均应当十分重视工期和费用索赔的行使期限问题。关于工期顺延问题,在合同中已有明确约定工期顺延的申请流程以及未按流程办理的后果的情形下,如果发包人或者监理人未出具工期顺延签证,承包人应注意及时提起工期索赔,否则,即便发生了发包人原因导致的工期延误事件,承包人也将无法获得工期顺延。

3 工期延误的举证责任如何分配?

【争议问题】

在工期争议中,通常发包方主张工期延误的责任在承包方,承包方则抗辩工期延误的责任在发包方,对于该争议事实,如何分配举证责任?

【裁判观点1】

发包方对承包方原因导致的工期延误事实负有举证责任。

【典型案例】最高人民法院(2021)最高法民申7085号

在该案中,法院认为,恒松公司实际主张玉茗公司应对案涉工程逾期完工承担全部责任,但在实践中,造成工期延误的原因可能有很多种,如天气原因、开工通知延期、工程设计变更、窝工。根据恒松公司原审提交的证据,《单位工程竣工验收报告》等仅可证明案涉工程的竣工日期晚于约定的竣工日期,但无法证明造成工程延期的全部责任均在玉茗公司一方。原审据此认定恒松公司的主张缺乏证据证明,并无不当。

【裁判观点2】

施工方仅证明施工期间存在天气因素、政府通知等造成工期延误的客观情形,未能证明上述情形已实际影响工期的,仍应承担工期延误责任。

【典型案例】最高人民法院(2020)最高法民申802号

在该案中,法院认为,关于延误工期的认定,鉴定机构在鉴定中并非未考虑天气影响,对涉及部分受雾霾影响的日期未予计入延误期间。鉴定机构根据人民法院委托对包括工期在内的案件相关问题进行鉴定,鉴定程序合法。建宇公司提交的相关材料仅能证明施工期间当地政府发布的通知要求施工单位停工,并不能证明其实际停工。鉴定机构结合监理日志等现场施工实际情况的证据确定建宇公司的实际延误工期天数是合理的。至于建宇公司申请再审提出的华森公司违反相关管理规定导致工期延误的理由,建宇公司提交的证据仅能证明华森公司存在违反规定的相关情况,并不能证明相关情况已实际影响工期。

【法律依据】

《民事诉讼法》

第六十七条第一款 当事人对自己提出的主张,有责任提供证据。

最高人民法院《关于适用〈中华人民共和国民事诉讼法〉的解释》

第九十条 当事人对自己提出的诉讼请求所依据的事实或者反驳对方诉讼请求所依据的事实,应当提供证据加以证明,但法律另有规定的除外。

在作出判决前,当事人未能提供证据或者证据不足以证明其事实主张的,由负有举证证明责任的当事人承担不利的后果。

第九十一条 人民法院应当依照下列原则确定举证证明责任的承担,但法律另有规定的除外:

(一)主张法律关系存在的当事人,应当对产生该法律关系的基本事实承担举证证明责任;

(二)主张法律关系变更、消灭或者权利受到妨害的当事人,应当对该法律关系变更、消灭或者权利受到妨害的基本事实承担举证证明责任。

【律师解读】

实践中,工期延误责任的认定是一个工程界和司法界共同的难题,而工期延误举证责任分配是准确认定工期延误责任的钥匙。笔者认为,按照基本的举证责任分配原则,作为主张对方承担工期延误责任的发包人,只需要证明工期延误事实的存在及延误天数即可,而作为抗辩方的承包人应对工期延误的事实、原因及已提出工期顺延申请等事实进行举证。但司法实践中,有的法院要求发包人对工期延误系承包人原因所致承担举证责任,给发包人课以不合理的举证责任,实际上违反了举证责任的分配规则,错误地分配了举证责任。

4 发包人未按时支付工程款，承包人能否据此暂停施工？

【争议问题】

在发包人未按时支付工程款的情况下，承包人是否有权暂停施工？

【裁判观点】

发包人未按时支付工程款，承包人因此拒绝继续施工的，不承担工程逾期的责任。

【典型案例】最高人民法院（2021）最高法民申1646号

在该案中，法院认为，根据合同约定，案涉工程款按施工进度支付，源祥公司在佰祥公司申报形象进度7日内应当支付进度款。2017年8月25日和9月23日，佰祥公司分别向源祥公司发出支付工程进度资金400万元和600万元的申请单。源祥公司收到后，既未按照合同约定履行合同义务，也未给佰祥公司明确的答复和付款。源祥公司的该违约行为，是导致佰祥公司被迫于2017年12月10日停工且至今未能完工交付工程的主要原因。而且，佰祥公司提交的经源祥公司施工代表确认的工程联系单显示，佰祥公司进场施工的现场存在大量的垃圾及堆放物未清理，部分强弱电工程、通风管道、配电箱、电线预埋管道等施工前的基础工程仍存在问题，上述情况与合同有关“照明及上下水安装、空调系统、消防系统已完成”的约定明显不符。原判决据此认定源祥公司构成违约，以及佰祥公司未超过工期，并无不当。①

【法律依据】

《民法典》

第八百零三条　发包人未按照约定的时间和要求提供原材料、设备、场地、资金、技术资料的，承包人可以顺延工程日期，并有权请求赔偿停工、窝工等损失。

《建设工程施工合同（示范文本）》（GF—2017—0201）“通用合同条款”

7.5.1　因发包人原因导致工期延误

在合同履行过程中，因下列情况导致工期延误和（或）费用增加的，由发包人承担由此延误的工期和（或）增加的费用，且发包人应支付承包人合理的利润：

……

① 类似案例可参见山东省高级人民法院（2021）鲁民申1870号案。

(5)发包人未能按合同约定日期支付工程预付款、进度款或竣工结算款的；

……

【律师解读】

发包人按照工程施工进度支付工程款是保障工程顺利施工的基础，《民法典》第803条明确规定了发包人不按时支付工程款的，承包人有权停工，由此产生的停工损失、延误的工期，应由发包人承担。但承包人应按照合同约定及时提出索赔，否则，可能面临丧失工期和损失索赔权的风险。

5 天气原因和政府环保命令导致的停工时间是否应当予以顺延？

【争议问题】

天气原因和政府环保命令等导致的停工期间，承包人能否主张工期顺延？

【裁判观点】

天气原因导致的冬歇期和政府环保命令导致的停工时间应当予以顺延。

【典型案例】最高人民法院(2021)最高法民终372号

在该案中，法院认为，案涉合同并未说明约定的工期中包含冬歇期。根据青海省冬季施工情况，可能面临无法施工的客观条件限制，确存在冬歇期。《西宁市城乡建设委员会关于2014年冬季建筑工地大气污染防治工作的通知》和《西宁市城乡规划和建设局关于2015年冬季建筑工地大气污染防治工作的通知》指令冬季停工，经盛源公司、监理单位、八冶公司三方协商，确定两次停工累计200天，应自约定工期中予以扣减。综上所述，案涉工程实际施工时间扣减桩基工程、支护工程施工时间111天，扣减冬歇期累计200天，实际施工工期为552天，并未超出双方当事人约定。故八冶公司不存在逾期竣工的行为，不应承担相应违约金。盛源公司上诉理由不能成立，法院不予支持。

【法律依据】

《建设工程施工合同(示范文本)》(GF—2017—0201)“通用合同条款”

7.7 异常恶劣的天气条件

异常恶劣的气候条件是指在施工过程中遇到的，有经验的承包人在签订合同时不可预见的，对合同履行造成实质性影响的，但尚未构成不可抗力事件的恶劣气候条件。合同当事人可以在专用合同条款中约定异常恶劣的气候条件的具体情形。

承包人应采取克服异常恶劣的气候条件的合理措施继续施工,并及时通知发包人和监理人。监理人经发包人同意后应当及时发出指示,指示构成变更的,按第10条〔变更〕约定办理。承包人因采取合理措施而增加的费用和(或)延误的工期由发包人承担。

【律师解读】

引起工期延误的原因分为业主风险事件和承包商风险事件两类。异常恶劣气候条件和政府因环保原因下达的停工命令,属于业主风险事件,承包人有权要求工期顺延。但并非任何恶劣气候均构成异常恶劣气候条件,具体情形应在专用合同条款中列明。即便是异常恶劣气候条件,依据示范文本通用条款的规定,承包人也应采取合理措施继续施工,对于采取合理措施所导致的工期延误可以顺延。

6 如何确定实际开工日期?

【争议问题】

开工日期是承包人开始施工的起点,是建设工程施工合同纠纷最核心的时间点之一,实践中的开工日期依据什么标准确定?

【裁判观点】

开工日期的确定不仅要看开工通知的时间,还要看现场是否具备施工条件。

【典型案例】最高人民法院(2021)最高法民申1645号

在该案中,法院认为,最高人民法院《关于审理建设工程施工合同纠纷案件适用法律问题的解释(二)》(已失效)第5条规定:"当事人对建设工程开工日期有争议的,人民法院应当分别按照以下情形予以认定:(一)开工日期为发包人或者监理人发出的开工通知载明的开工日期;开工通知发出后,尚不具备开工条件的,以开工条件具备的时间为开工日期;因承包人原因导致开工时间推迟的,以开工通知载明的时间为开工日期……"根据该条规定,开工日期的确定不仅需要以开工通知为准,还需要志华公司履行必要的协助义务,提供符合正常施工条件的场地及必要准备工作。首先,从2012年4月8日志华公司给天宇公司及其他整体项目各承包人的工作联系单来看,此时各承包人施工范围尚未确定;从2012年6月27日联系单来看,2012年6月初志华公司才完成施工场地高压线拆除。前述证据表明,至2012年6月,案涉工程并不具备完备的施工条件。其次,根据2012年7月18日志华公司出具的工作联系单,因政府政策、高考、中考等原因整体计划滞后7个多月。综合前述分析,即使志华公司2011年12月5日发出开工通知,并于其后发出数份工作联系单,天宇公司于2012年1月2日出具《通知回复单》表明已进场施工,但因施工条件不完备及政策、高考、中考等原因,天宇公司并不能正常施工,前述原因造成的工期延误,不可归责于天宇公司。另外,根据双方当事人一审、二审提交的工程资料及鉴定意见,在案涉工程施工过程中,存在工程量变更增加的情况。原合同约定发包总价160,000,000元,根据鉴定意见,案涉工程双方无争议部分的造价为220,963,379.09元,可见工程量变更增加的幅度比较大,在这种情况下,工期亦应当顺延。故工期延误是施工条件不完备、政府政策、高考、中考以及工程量变更增加多种因素造成的,这些因素造成的工期顺延天数无法计算,不能得出天宇公司延误工期的结论,故原审法院认定天宇公司不存在工期违约情形并无不当。

【法律依据】

最高人民法院《关于审理建设工程施工合同纠纷案件适用法律问题的解释(一)》

第八条 当事人对建设工程开工日期有争议的,人民法院应当分别按照以下情形予以认定:

(一)开工日期为发包人或者监理人发出的开工通知载明的开工日期;开工通知发出后,尚不具备开工条件的,以开工条件具备的时间为开工日期;因承包人原因导致开工时间推迟的,以开工通知载明的时间为开工日期。

(二)承包人经发包人同意已经实际进场施工的,以实际进场施工时间为开工日期。

(三)发包人或者监理人未发出开工通知,亦无相关证据证明实际开工日期的,应当综合考虑开工报告、合同、施工许可证、竣工验收报告或者竣工验收备案表等载明的时间,并结合是否具备开工条件的事实,认定开工日期。

【律师解读】

开工日期的确定在实践中争议很大。实践中存在合同约定开工日期、开工通知日期、实际进场日期、取得施工许可证的日期等多种确定开工日期的证据。在各种开工日期中,很难简单认为哪一种证据效力更高。应当参照合同约定、司法解释的规定以及结合现场的施工条件综合作出认定。

7 无效合同下,工期延误的损失如何认定?

【争议问题】

合同无效的情况下,合同中约定的工期延误的违约责任能否适用?若不能适用,如何认定工期延误的损失赔偿责任?

【裁判观点1】

合同无效,工期延误违约金条款不能适用,但发包人可以主张损失赔偿。合同中约定“若工程工期延误致使甲方不能按期交房给业主,乙方应当承担由此产生的一切损失”的,该等损失可以要求承包人承担。

【典型案例】山东省高级人民法院(2020)鲁民终2355号

在该案中,一审法院认为,涉案施工合同因双方违反《招标投标法》的强制性规定而认定无效,在此情况下,施工合同中的违约金条款亦应认定无效,故融汇公司要求港基公司支付逾期交工违约金,于法无据,不予支持。原《民法总则》第157条规定:“民事法律行为无效、被撤销或者确定不发生效力后,行为人因该行为取得的财产,应当予以返还;不能返还或者没有必要返还的,应当折价补偿。有过错的一方应当赔偿对方由此所受到的损失;各方都有过错的,应当各自承担相应的责任。法律另有规定的,依照其规定。”最高人民法院《关于审理建设工程施工合同纠纷案件适用法律问题的解释(二)》(已失效)第3条第1款规定:“建设工程施工合同无效,一方当事人请求对方赔偿损失的,应当就对方过错、损失大小、过错与损失之间的因果关系承担举证责任。”涉案施工合同虽因双方违反法律的强制性规定而认定无效,但根据上述法律规定,融汇公司有权要求港基公司赔偿逾期竣工的相应损失。融汇公司提交的其与业主签订的《济南市商品房买卖合同》、收款收房确认书、向业主赔付逾期交房违约金的付款凭证等证据,可以证明港基公司逾期交工导致融汇公司向业主赔付逾期交房违约金共计6,361,887元的事实。涉案施工合同约定,“因工程工期延误致使甲方不能按期交房给业主的,乙方应当承担由此产生的一切损失(含购房业主索赔损失)”,由此可见双方在签订合同时即应当知道上述损失的发生,且该损失与港基公司逾期交工的过错行为存在直接因果关系。故融汇公司要求港基公司赔偿上述逾期交工的损失,于法有据,一审法院予以支持。二审法院认为:关于逾期交工损失的问题,根据原《民法总则》第157条及最高人民法院《关于审理建设工程施工合同纠纷案件适用法律问题的解释(二)》(已失效)第3条第1款的规定,一审法院根据已经查明港基公司逾期交工导致融汇公司向业主赔付逾期交房违约金共计6,361,887元的事实,认为该损失与港基公司逾期交工的过错行为存在直接因果关系,依法判决港基公司赔偿上述逾期交工的损失,于法有据,予以支持。

【裁判观点2】

合同无效的,发包人不得依据违约条款主张逾期竣工的损失,而应当就此损失进行举证。

【典型案例】山东省高级人民法院(2019)鲁民申6516号

在该案中,法院认为,李某华、朱某晓作为涉案工程的实际施工人,不具备建设工程施工资质,其借用达弛公司的资质与鲁泰公司签订工程项目施工合同,该合同无效。根据最高人民法院《关于审理建筑工程合同纠纷案件适用法律问题的解释》(已失效)第2条的规定,建筑施工合同无效,在工程验收合格的情况下,承包人可请求支付工程款。但是法律未规定发包人可以追究逾期交工违约责任,鲁泰公司根据合同约定追究李某华的违约责任,原审未予支持并无不当。鲁泰公司虽然主张的是逾期交工的损失,但其未就实际损失举证,而是要求按违约条款约定的违约金方式计算,原审法院对其请求不予支持,亦无不当。

【裁判观点3】

合同无效的,对于发包人实际发生的逾期交付的损失,可依据发承包双方对工期延误的过错比例分配责任。

【典型案例】最高人民法院(2021)最高法民终623号

在该案中,法院认为,建设工程施工合同无效后,可以参照双方实际履行的《总包补充协议》《补充协议书》中约定的建设工期、工程价款支付时间等内容确定损失的大小。(1)逾期交房损失数额。二审审理中,关于一审认定的新子欣公司在中建四局撤场前与购房户签订的购房合同应承担的逾期交房损失19,737,245.56

元,新子欣公司对该金额认可,中建四局对该金额不认可。其中,对已起诉裁决金额为12,117,970.1元的损失数额双方均无异议,法院予以确认。对未起诉协商以车位相抵的金额6,976,435.46元以及未起诉协商以物业费相抵的金额642,840元,中建四局虽不认可,但新子欣公司在一审审理中提交了购房合同、协议书予以证明,新子欣公司主张的损失客观发生,一审法院予以认定正确,二审法院予以确认。(2)造成损失的双方过错。新子欣公司逾期交房系工期延误所致。就工期延误的原因,法院分析如下:第一,新子欣公司对工期延误负有主要责任。首先,新子欣公司逾期付款行为是工期延误的主要原因。其次,新子欣公司作为付款义务人,未妥善处理复工前的产值问题。《补充协议书》对复工前已完工尚未申报的产值约定不明,致使双方产生争议,双方对此均有责任。新子欣公司作为付款义务人,虽对中建四局申请第六次进度款时将复工前后的产值合并申报提出了异议,但其既未向中建四局明确复工前的产值应付款时点,又未在此后的工程款支付时对已审核并陆续达到付款节点的工程款安排支付,并在此后还存在其他逾期付款的行为,导致双方矛盾不断加深,其对此负有较大的责任。第二,中建四局对工程延误负有次要责任。首先,中建四局未正确处理复工前的产值问题。其次,中建四局并未按照约定完成工程。在复工后、新子欣公司逾期付款前,中建四局并未按约定完成1号楼至4号楼所有工程及地库工程,虽新子欣公司在此期间存在一些问题,但中建四局在此期间因工程款问题施工并不积极,对此期间未及时完工负有责任。在整个施工过程中,中建四局亦存在与新子欣公司协调配合不畅的问题,对工期延误难谓毫无责任。最后,中建四局人员在撤场后阻挠施工亦对延误工期有一定影响。综上所述,一审认定对新子欣公司的逾期交房损失,新子欣公司负有主要过错,并酌定由其承担80%的责任,中建四局负有次要过错,并酌定由其承担20%的责任,并无不当之处,二审法院予以维持。

【法律依据】

最高人民法院《关于审理建设工程施工合同纠纷案件适用法律问题的解释(一)》

第六条　建设工程施工合同无效,一方当事人请求对方赔偿损失的,应当就对方过错、损失大小、过错与损失之间的因果关系承担举证责任。

损失大小无法确定,一方当事人请求参照合同约定的质量标准、建设工期、工程价款支付时间等内容确定损失大小的，人民法院可以结合双方过错程度、过错与损失之间的因果关系等因素作出裁判。

【律师解读】

建设工程施工合同无效，工期违约责任的条款亦无效，不能适用违约金条款追究违约责任。但发包人可以请求承包人赔偿因工期延误造成的损失。损失赔偿责任的认定需要发包人对损失额、过错、因果关系进行举证。人民法院将结合双方过错程度、过错与损失之间的因果关系等因素作出裁判。

8 逾期交房的损失如何认定？

【争议问题】

承包人工期延误造成发包人向小业主交付房屋逾期的，承包人应承担赔偿责任，但逾期交付的损失具体应如何认定？

【裁判观点】

逾期交房租金损失的认定须考虑房屋毛坯状况及是否能够及时出租等因素。

【典型案例】最高人民法院（2020）最高法民申6385号

在该案中，法院认为，根据原审法院查明的事实，吴某忠逾期交付案涉商铺，亿同公司可以请求吴某忠赔偿相应的商铺租金损失，但不能超出亿同公司所遭受的实际损失。亿同公司虽主张评估意见已将商铺的毛坯房因素考虑在评估结论中，却未提供相关证据予以证明，故法院对其该项主张不予支持。本案中，原审法院在租金价值评估意见的基础上，综合考虑商铺的毛坯状况、是否能够及时全部出租对租金的影响、案涉商铺租金评估时间范围与吴某忠实际的占有时间不一致、亿同公司起诉主张案涉商铺面积为1458.41平方米（少于评估报告确定的1919.87平方米）等客观因素以及全部案件情况，酌定吴某忠承担40%的逾期交付商铺的租金损失，符合本案实际情况，亦较为公允，再审法院予以认可。

【法律依据】

《民法典》

第五百八十四条　当事人一方不履行合同义务或者履行合同义务不符合约定，造成对方损失的，损失赔偿额应当相当于因违约所造成的损失，包括合同履行后可以获得的利益；但是，不得超过违约一方订立合同时预见到或者应当预见到的因违约可能造成的损失。

【律师解读】

关于逾期交房造成的房屋租金损失的认定，不能仅以评估出的市场租金作为参考标准，还应当考虑实际出租时的市场因素，以更加准确地确定具体损失。

9 发承包双方对工期延误都有过错时如何认定工期延误的责任？

【争议问题】

工期延误的原因往往是复杂的，既有发包人原因又有承包人原因。在有多重原因的情形下，如何划分工期延误责任？

【裁判观点】

发承包双方对工期延误皆有过错，难以具体区分责任大小的，法院酌情在双方之间分配责任。

【典型案例】山东省高级人民法院(2020)鲁民终2295号

在该案中，法院认为，从查明的事实来看，施工过程中，双方就工程施工及进度问题多次交涉。东旭电力公司曾以《工作联系单》的形式向中建材滕州分公司提出其未提供施工图纸及正式版技术规范书(截至2017年12月20日)导致无法施工。2018年5月13日双方以《周例会会议纪要》的形式，明确了施工过程中存在村民阻工等问题。根据东旭电力公司提交的上述证据，双方对于工期延误皆有责任。一审法院依据现有证据以及合同履行情况，酌情认定中建材滕州分公司对于已并网发电的5兆瓦工程工期延误承担20%的责任，东旭电力公司承担80%的责任，二审法院认为并无不当。

【法律依据】

《民法典》

第五百九十二条第一款　当事人都违反合同的，应当各自承担相应的责任。

【律师解读】

工期延误的责任认定不仅是司法实践中的难题，其本身也是工程管理实践中的一大难点。审判实践中，法院通常难以对延误和顺延的天数作出具体准确的认定,大多数时候法院是基于一种平衡性的考虑,作出定性的认定。如果发承包双方对工期延误都有过错,且不能准确划分,则法院将酌情作出认定。

10 施工过程中存在发包人原因导致工期延误的情况,原合同约定的工期是否仍有效?

【争议问题】

施工过程中出现了发包人原因导致的工期延误,原约定的工期是否继续有效?其是否仍可作为判断承包人工期是否逾期的依据?

【裁判观点】

施工过程中因发包人增加工程量等原因导致工期延误的,发包人无权依据原工期主张承包人承担工期延误责任。

【典型案例】山东省高级人民法院(2020)鲁民终 2184 号

在该案中,法院认为,涉案工程的实际竣工日期确实晚于合同约定的时间,但是,也同时存在实际开工日期晚于合同约定的开工日期及实际施工的工程量比合同约定的工程大幅增加的情况。对于工程量大幅增加的原因,中煤一建公司主张是当地特殊的地质水文条件等不可预测的因素造成的,肥矿集团对此并无异议。因此,合同中约定的工期不应作为认定工期延误的标准,但是双方并未就工程量增加后的工期问题重新作出约定。从合同履行过程来看,肥矿集团对于在施工过程中出现工程量大幅增加情形是知情的,而且《建设工程项目结算审核报告》对于工期问题已经作出认定,肥矿集团也从未要求中煤一建公司按照合同约定的期限交付工程,故对肥矿集团依据原有工程量约定的工期要求中煤一建公司支付延误工期违约金的请求,法院不予支持。

【法律依据】

《建设工程施工合同(示范文本)》(GF—2017—0201)"通用合同条款"

10.6　变更引起的工期调整

因变更引起工期变化的,合同当事人均可要求调整合同工期,由合同当事人按照第 4.4 款〔商定或确定〕并参考工程所在地的工期定额标准确定增减工期天数。

【律师解读】

以上案例的裁判思路为:一旦工程施工过程中存在发包人延误事由(通常为

变更导致工程量变化)，则合同约定的工期不再适用，双方应另行协商确定新工期；未能达成新工期的，则发包人丧失工期利益。笔者对此逻辑不敢苟同。工期责任是承包人的基本责任，承包人对工期应予顺延承担举证责任，否则就应当承担工期延误责任。对于发包人导致延误的事件，承包人应当依据合同提出工期索赔，并根据工期进度网络图对延误的具体时间进行举证，这才是工期延误责任认定的正当逻辑。

11 承包人的停工、窝工损失是否应全部由发包人承担？

【争议问题】

发包人原因导致工程停工，承包人因此产生的损失哪些应由发包人承担，哪些应由承包人自行承担？

【裁判观点】

发包人原因导致承包人发生停工、窝工的，发包人应当赔偿承包人的停工、窝工损失，但承包人未尽到审慎注意义务，未及时采取措施避免损失的产生和防止损失扩大的，应结合其过错程度，适当减少发包人的损失赔偿责任。

【典型案例】最高人民法院(2021)最高法民申 4936 号

在该案中，法院认为，关于停工、窝工损失的问题，根据原审查明的事实，亚东房产公司存在发出开工令迟于合同约定时间、指示不及时、施工中存在设计变更、分包单位未及时跟进等情形。但衡某彪作为施工方，应当根据施工情况准备相应的人员和设备，对建设施工中存在的各种情形和风险有足够的认知，并及时采取措施避免损失的产生和防止损失的扩大。衡某彪未举证证明其在施工过程中已尽到审慎注意义务，并采取合理措施避免和减少损失的扩大。虽然经鉴定损失费用为 3,025,168 元，但一审法院综合本案客观事实，结合双方的过错责任，酌情认定亚东房产公司承担赔偿 1,210,067 元的停工、窝工损失，二审判决予以维持，并无不当。①

① 类似案例可参见最高人民法院(2021)最高法民申 4012 号案、(2020)最高法民申 5265 号案。

【法律依据】

《民法典》

第五百九十一条 当事人一方违约后，对方应当采取适当措施防止损失的扩大；没有采取适当措施致使损失扩大的，不得就扩大的损失请求赔偿。

当事人因防止损失扩大而支出的合理费用，由违约方负担。

第八百零四条 因发包人的原因致使工程中途停建、缓建的，发包人应当采取措施弥补或者减少损失，赔偿承包人因此造成的停工、窝工、倒运、机械设备调迁、材料和构件积压等损失和实际费用。

【律师解读】

发包人原因导致停建或缓建，承包人因此产生停工、窝工损失的，承包人有权向发包人主张赔偿。其请求权的基础是《民法典》第 804 条。但作为违约方的发包人对此也享有法律上的抗辩权，即《民法典》第 591 条规定的通常意义上的守约方减损义务。可见，面对发包人原因导致的停工、窝工时，承包人同样负有审慎注意义务，不能放任损失扩大不管，而应当采取一切必要措施防止损失的进一步扩大，其支出的合理费用可由发包人承担。如承包人未尽到审慎注意的义务，那么发包人对扩大部分的损失不承担责任，承包人将自行承担。另外，从诉讼角度看，法院很可能将举证责任分配给承包人，由承包人自行举证证明其尽到了审慎注意的义务，对损失的扩大没有过错。

12 承包人主张停工、窝工损失的，应承担哪些举证责任？

【争议问题】

承包人因停工而主张发包人赔偿其停工、窝工损失，按照“谁主张，谁举证”的基本原则，承包人应当对其主张负有举证责任。那么承包人对哪些事实负有举证责任？

【裁判观点】

承包人主张停工、窝工损失，应对停工、窝工事实的发生（及其原因）、损失与停工事实之间的因果关系承担举证责任。

【典型案例】最高人民法院（2021）最高法民申 7787 号

在该案中，法院认为，海天公司请求益茂公司赔偿停工、窝工损失，应当提交证据证明其存在的具体停工、窝工事实。现海天公司根据工期延误事实主张其存在停工、窝工事实及停工、窝工时间。法院认为，工期延误与工程停窝工之间并无必然的联系，案涉工程存在工期延误的事实不能推断出海天公司在施工过程中存在停工、窝工事实的结论。由于海天公司未提供与停工、窝工事实有关的签证或其他证据证明其客观上存在停工、窝工事实，亦无证据证明双方曾就停工、窝工具体问题进行过磋商或海天公司曾向益茂公司索赔过停工、窝工损失等事实，故二审认为本案现不足以认定海天公司在施工过程中存在停工、窝工事实，并无不当。现海天公司依据江苏至衡诚达工程咨询有限公司出具的鉴定意见主张停工、窝工损失，该鉴定意见据以作出停工、窝工损失的主要依据是 2011 年 7 月 28 日原江阴市建设局停工通知、2012 年 3 月 2 日会议纪要“因上部结构图纸未到，要求暂停施工”、2013 年 7 月 19 日会议纪要“如还没有资金，我方将在 8 月 1 日停工”、2013 年 12 月 20 日会议纪要“如果在 1 月 10 号不支付工程款就全部工程停工”以及其他关于工期延误的证据材料，由于以上证据均不足以充分有效证明海天公司客观上存在的具体停工、窝工事实，故该鉴定意见因缺乏停工、窝工的事实基础，难以确证相关损失的直接发生以及导致相关损失可能发生的直接原因，尚不能达到海天公司主张的证明目的，二审判决驳回海天公司主张的停工、窝工损失赔偿请求，并无不当。此外，海天公司在再审审查阶段向法院提交的关于人工费用的相关证据，仍不能证明其存在的具体停工、窝工事实。因此，海天公司相关再审申请事由不能成立，法院不予采信。[①]

【法律依据】

《民法典》

第八百零四条　因发包人的原因致使工程中途停建、缓建的，发包人应当采取措施弥补或者减少损失，赔偿承包人因此造成的停工、窝工、倒运、机械设备调迁、材料和构件积压等损失和实际费用。

---

① 类似案例可参见江苏省高级人民法院（2019）苏民终 1808 号案，最高人民法院（2019）最高法民终 1455 号案、（2019）最高法民终 43 号案。

《民事诉讼法》

第六十七条第一款 当事人对自己提出的主张,有责任提供证据。

【律师解读】

承包人向发包人主张停工、窝工损失赔偿,属于违约责任中的损失赔偿责任的范围。众所周知,在违约的损失赔偿之诉中,原告的举证责任都是非常重的。而承包人主张停工、窝工损失的举证责任可能比一般的违约损失赔偿更重。根据《民法典》第804条的规定,支持承包人停窝工损失的前提是损失属于发包人原因造成的。承包人应当就停工原因(发包人原因)、停工事实、损失已实际发生以及损失具体数额等承担举证责任。如此之重的举证责任意味着停工、窝工损失的索赔绝不容易,当停工、窝工事实发生时,承包人应当及时收集并固定好关于停工、窝工的证据材料,为将来的索赔做好准备。

13 发包人拖欠进度款,承包人是否有权停工并就停工损失索赔?

【争议问题】

发包人未及时支付工程进度款的,承包人是否有权停工并就停工期间的损失向发包人索赔?

【裁判观点】

发包人拖欠工程款的,承包人暂停施工并不构成违约,且其有权提出停工损失索赔。

【典型案例】最高人民法院(2021)最高法民申4017号

在该案中,最高人民法院认为,根据一审、二审法院查明的事实,嘉园公司欠付青海四建公司工程进度款的事实客观存在,嘉园公司理应支付欠付工程款的利息。对于嘉园公司未按时支付工程进度款,导致青海四建公司停工而造成的停工待料损失,嘉园公司应承担赔偿责任。二审法院判决嘉园公司支付青海四建公司欠付工程款利息及停工待料损失并无不当。本案二审青海省高级人民法院(2020)青民终270号民事判决认为,根据原《合同法》第283条"发包人未按照约定的时间和要求提供原材料、设备、场地、资金、技术资料的,承包人可以顺延工程日期,并有权要求赔偿停工、窝工等损失"及第284条"因发包人的原因致使工程中途停建、缓建的，发包人应当采取措施弥补或者减少损失，赔偿承包人因此造成的停工、窝工、倒运、机械设备调迁、材料和构件积压等损失和实际费用”之规定，发包人应当按照约定的时间和数额向承包人支付工程建设所需的资金，发包人未按照合同约定预付工程款的，承包人可以向发包人发出预付工程款通知；发包人在收到通知后仍不能按照要求预付工程款的，承包人可以停止工作并顺延工期，发包人应当从应付之日起赔偿因此造成的承包人停工、窝工损失。关于对停工造成损失的认定，青海四建公司提交8位员工《劳动合同书》及《塔式起重机租赁合同》、《租赁合同》，主张损失为1,061,257.94元。二审法院认为，关于员工工资670,000元的问题，青海四建公司停工后应及时安排员工另行就业，故对员工工资损失，法院不予支持。关于塔吊租赁费108,000元的问题。2017年11月至2018年3月15日为建设工程冬休期，其间不应支付停工损失，应从2018年3月16日起至8月28日起诉之日止计算停工损失。对起诉后的停工损失，青海四建公司应积极采取措施防止停工损失的扩大，故对起诉后的停工待料损失不予支持。①

【法律依据】

《民法典》

第五百二十六条 当事人互负债务，有先后履行顺序，应当先履行债务一方未履行的，后履行一方有权拒绝其履行请求。先履行一方履行债务不符合约定的，后履行一方有权拒绝其相应的履行请求。

第五百九十一条 当事人一方违约后，对方应当采取适当措施防止损失的扩大；没有采取适当措施致使损失扩大的，不得就扩大的损失请求赔偿。

当事人因防止损失扩大而支出的合理费用，由违约方负担。

第七百八十八条第一款 建设工程合同是承包人进行工程建设，发包人支付价款的合同。

第八百零三条 发包人未按照约定的时间和要求提供原材料、设备、场地、资金、技术资料的，承包人可以顺延工程日期，并有权请求赔偿停工、窝工等损失。

第八百零四条 因发包人的原因致使工程中途停建、缓建的，发包人应当采取措施弥补或者减少损失，赔偿承包人因此造成的停工、窝工、倒运、机械设备调迁、

① 类似案例可参见最高人民法院(2021)最高法民终688号案。

材料和构件积压等损失和实际费用。

【律师解读】

承包人完成工程建设、发包人支付工程款是建设工程施工合同中双方的主要合同义务。在发包人迟延履行支付工程款的合同义务时，承包人有权行使法定的抗辩权，拒绝继续履行其施工义务。即在发包人拖欠工程款的情形下，承包人享有停工权。发包人还应承担承包人因此造成的停工、窝工损失并顺延工期。但由于停工会对整个工程施工造成重大影响，给发包人及其他相关方造成巨大损失，属于极端的手段。实践中，承包人行使停工权应当负有谨慎的义务，不应轻易随意停工。通常情形下，在发包人拖欠工程款时，承包人负有催告和给予合理宽限期的义务。经催告并给予合理期限，发包人仍未付款的，承包人才不得不实施停工。同时承包人在停工期间，负有减损义务。现场除留必需的看护人员外，应遣散大部分工人。机械设备也应适时停止租赁。否则，对因此扩大的损失，承包人须自行承担。承包人采取减损措施发生的费用，应由发包人承担。

14 承包人能否以停工损失问题未得到解决为由一直拒不复工？

【争议问题】

发包人原因导致工程停工后，发包人为减少损失，可要求承包人尽快复工。承包人能否以停工损失问题未得到解决为由拒不复工？

【裁判观点】

发包人原因导致工程停工的，承包人有义务为防止损失扩大而尽快配合复工，承包人拒不复工的将构成违约。

【典型案例】最高人民法院(2021)最高法民申 6646 号

在该案中，法院认为，虽然新疆建工宁夏分公司向力和公司发出工作联系函称因绿地银川公司资金不到位不能按期复工，但已提前通知力和公司，力和公司有义务防止损失扩大。2016 年 8 月 6 日，新疆建工集团要求力和公司复工，力和公司以损失未得到弥补及工程款支付进度未明确为由，不与新疆建工集团就复工继续洽商。力和公司对于其损失应当自行承担责任。直至 2017 年 5 月，新疆建工宁夏分公司向力和公司发函称为尽快启动项目复工，并称双方争议问题可待复工后协商解决，如力和公司逾期未复工，将另行委托第三方进行施工。力和公司仍未到场复工。新疆建工宁夏分公司发函要求解除合同并要求力和公司将遗留在施工现场的周转材料等撤走清场。结合以上事实，虽然案涉项目停工系新疆建工宁夏分公司的原因引起的，但案涉合同解除的责任不在新疆建工集团及新疆建工宁夏分公司，原判决对新疆建工集团及新疆建工宁夏分公司主张的损失，未予支持，已经综合考虑了案涉合同约定以及双方在停工复工中的过错因素，并无不当。①

【法律依据】

《民法典》

第五百九十一条　当事人一方违约后，对方应当采取适当措施防止损失的扩大；没有采取适当措施致使损失扩大的，不得就扩大的损失请求赔偿。

当事人因防止损失扩大而支出的合理费用，由违约方负担。

第八百零四条　因发包人的原因致使工程中途停建、缓建的，发包人应当采取措施弥补或者减少损失，赔偿承包人因此造成的停工、窝工、倒运、机械设备调迁、材料和构件积压等损失和实际费用。

【律师解读】

在发包人引起工程停工后，承包人固然有权就停工造成的损失向发包人索赔，但这种停工损失赔偿请求权并不等同于工程价款请求权，因而并不构成承包人不履行施工义务的合法抗辩。在工程施工过程中，除非出现发包人未及时支付工程款、出现重大安全风险等极个别情形，原则上，承包人并不享有停工权，只有发包人和监理人才享有下令停工的权利。在发包人原因引起的停工事由消除后，发包人有权要求承包人继续施工，承包人有义务配合复工而无权以先前的停工损失未进行补偿为由拒不复工，否则，承包人不仅无权要求发包人赔偿因此扩大的停工损失，而且已经构成违约，情节严重的，发包人有权据此解除合同。

---

① 类似案例可参见最高人民法院（2021）最高法民申 2713 号案。

15 发包人原因导致长期停工，承包人一直不行使合同解除权，扩大的停工损失应由谁来承担？

【争议问题】

施工合同约定发包人原因导致工程停工的，承包人享有解除合同的权利。在发包人导致长期停工的情况下，承包人一直未行使合同解除权导致停工损失进一步扩大，发包人能否就扩大的损失免责？

【裁判观点】

发包人原因导致长时间停工，承包人未及时行使解约权导致损失扩大的，其不可就扩大部分的损失向发包人主张赔偿。

【典型案例】最高人民法院(2021)最高法民申 6473 号

在该案中，法院认为，根据河南四建公司与开封世纪嘉源公司签订的《建设工程施工合同》，在因发包人违约暂停施工满 45 天后，发包人仍未纠正其违约行为并致使合同目的不能实现的，承包人有权解除合同。案涉工程 2016 年 12 月 8 日至 2018 年 5 月 21 日，一直处于停工状态。河南四建公司于 2017 年 6 月 25 日、10 月 16 日向开封世纪嘉源公司发出撤场工程联系单，开封世纪嘉源公司虽表示请河南四建公司暂缓撤场，但对于停工可能造成的相关损失，河南四建公司应当知晓。在案涉工程已停工 5 个月有余的情况下，为减少停工相关损失，河南四建公司可根据案涉《建设工程施工合同》的约定诉请解除施工合同。河南四建公司未撤场，虽然一定程度上存在对开封世纪嘉源公司暂缓撤场意思表示的合理期待，但并不足以据此即认定由此造成的停工损失全部应由开封世纪嘉源公司负担。在河南四建公司未根据合同约定行使解除权减少损失，且未举证证明 2017 年 5 月 20 日至 2018 年 5 月 21 日停工损失的情况下，二审法院未支持其要求开封世纪嘉源公司承担 2017 年 5 月 20 日至 2018 年 5 月 21 日停工损失的主张，并无明显不当。

【法律依据】

《民法典》

第五百九十一条　当事人一方违约后，对方应当采取适当措施防止损失的扩大；没有采取适当措施致使损失扩大的，不得就扩大的损失请求赔偿。

当事人因防止损失扩大而支出的合理费用，由违约方负担。

第八百零四条　因发包人的原因致使工程中途停建、缓建的，发包人应当采取措施弥补或者减少损失，赔偿承包人因此造成的停工、窝工、倒运、机械设备调迁、材料和构件积压等损失和实际费用。

【律师解读】

发包人原因导致停工的，承包人有权就因此产生的损失向发包人主张赔偿。但承包人的损失赔偿请求权应受到减损原则的限制。从司法实践中的案例来看，裁判者对承包人的减损义务要求是比较苛刻的，上述(2021)最高法民申6473号案中，承包人未及时行使解除权，也被认定为违反了减损的义务。对因此扩大的损失，承包人只能自行承担。守约方的减损义务与权利不得滥用原则是相辅相成、一脉相通的。作为守约方和权利人的合同当事人也应审慎地对待自己的权利。

16 承包人为防止损失扩大是否有权自行停工？

【争议问题】

在承包人明知继续施工会造成损失扩大的情形下，承包人是否有权为防止损失扩大而自行停工？其能否就停工损失向发包人索赔？

【裁判观点】

承包人为防止明显的损失扩大，有权自行停工；就由此造成的停工损失，承包人有权向发包人索赔。

【典型案例】最高人民法院(2021)最高法民申3620号

在该案中，法院认为，因政府规划调整，案涉工程需要拆迁，如果继续施工，不仅将增加政府支付补偿款的责任，还会造成双方当事人损失的扩大。鲁杰公司为避免损失扩大，自行停止施工，并等待重新规划后继续与巴塘公司签订施工合同，其停工行为并无不当。根据一审、二审法院查明的事实，巴塘公司在2017年7月就已经知晓案涉工程要迁址重建，本应积极配合施工方避免损失的扩大，但其却发函通知鲁杰公司继续施工。在此情形下，一审、二审法院结合鲁杰公司租赁的塔吊、脚手架闲置期间及租金标准，酌情认定巴塘公司应当向鲁杰公司赔偿塔吊窝工损失4万元、脚手架窝工损失5万元，并无不妥。

【法律依据】

《民法典》

第五百九十一条　当事人一方违约后,对方应当采取适当措施防止损失的扩大;没有采取适当措施致使损失扩大的,不得就扩大的损失请求赔偿。

当事人因防止损失扩大而支出的合理费用,由违约方负担。

第八百零四条　因发包人的原因致使工程中途停建、缓建的,发包人应当采取措施弥补或者减少损失,赔偿承包人因此造成的停工、窝工、倒运、机械设备调迁、材料和构件积压等损失和实际费用。

【律师解读】

通常,除非合同中有特别约定,承包人只有在极少数情形下才拥有自主停工权,如发包人未提供施工条件、拖欠工程款、出现重大安全风险的。在上述(2021)最高法民申3620号案中,承包人明知如果继续施工会导致损失进一步扩大。在此情形下,承包人自行停工是履行法定减损义务所采取的必要恰当措施。试想若承包人没有选择停工,而是按照发包人的要求继续施工,将来若工程拆除,承包人则可能因未履行减损义务面临无法就继续施工部分请求工程款的风险。但在实践中,承包人还是应谨慎对待停工,必须要有充分且必要的理由,而且最好有明确的法律或合同依据。否则,擅自停工则有较大的违约风险。

第四章 工程价款有关争议

工程价款争议是建设工程施工合同纠纷中争议最大、最多的一类。可以说，施工合同的所有纠纷归根结底都是工程价款纠纷。从工程管理的角度看，造价管控是整个工程管理的钥匙，掌握好工程造价这把钥匙，整个工程尽在掌控之中。由于工程价款争议范围广、内容多，笔者将工程价款争议中的工程结算争议作为单独一类争议，专章讨论。除工程结算之外的其他工程价款的争议则在本章研讨。

1 合同无效的，承包人是否有权主张工程款欠款利息？

【争议问题】

合同无效的情形下，承包人是否有权主张工程款欠款利息？

【裁判观点 1】

承包人请求发包人支付的欠付工程价款的利息在性质上属于法定孳息，与工程价款具有附随性，与合同效力无关。发包人只要欠付工程款，就应当支付相应的利息。

【典型案例】最高人民法院（2021）最高法民申 2539 号

在该案中，法院认为，最高人民法院《关于审理建设工程施工合同纠纷案件适用法律问题的解释（二）》（已失效）第 3 条规定：“建设工程施工合同无效，一方当事人请求对方赔偿损失的，应当就对方过错、损失大小、过错与损失之间的因果关系承担举证责任。损失大小无法确定，一方当事人请求参照合同约定的质量标准、建设工期、工程价款支付时间等内容确定损失大小的，人民法院可以结合双方过错程度、过错与损失之间的因果关系等因素作出裁判。”承包人向发包人请求支付的拖欠工程价款的利息在性质上属于法定孳息，与工程价款具有附随性，与合同效力无关。只要发包人欠付工程款，就应当支付相应的利息。本案中，因亚东房产公司存在逾期支付工程进度款的行为，一审判决亚东房产公司支付逾期支付工程进度款利息，并无不当。①

【裁判观点2】

承包人明知发包人未取得建设工程规划许可证等规划审批手续，盲目进行施工，具有过错，对自身损失应承担相应责任。对其支付利息的主张可不予支持。

【典型案例】最高人民法院（2021）最高法民申3511号

在该案中，法院认为，案涉《建筑（安装）施工执行协议书》因五洲星公司未取得建设工程规划许可证等规划审批手续而无效，五洲星公司作为发包人具有过错，对天筑公司的损失依法应承担相应的责任。天筑公司作为建筑工程施工企业未尽认真审查之责，在五洲星公司未取得建设工程规划许可证等规划审批手续的情况下，盲目进行施工，亦具有过错，对自身损失应承担相应责任。二审法院综合全案事实及五洲星公司的各项损失，判决五洲星公司给付天筑公司工程款损失1,463,866.6元、未予支持天筑公司主张的利息并无明显不当。②

【法律依据】

《民法典》

第一百五十七条　民事法律行为无效、被撤销或者确定不发生效力后，行为人因该行为取得的财产，应当予以返还；不能返还或者没有必要返还的，应当折价补偿。有过错的一方应当赔偿对方由此所受到的损失；各方都有过错的，应当各自承担相应的责任。法律另有规定的，依照其规定。

最高人民法院《关于审理建设工程施工合同纠纷案件适用法律问题的解释（一）》

第六条　建设工程施工合同无效，一方当事人请求对方赔偿损失的，应当就对方过错、损失大小、过错与损失之间的因果关系承担举证责任。

损失大小无法确定，一方当事人请求参照合同约定的质量标准、建设工期、工程价款支付时间等内容确定损失大小的，人民法院可以结合双方过错程度、过错与

① 类似案例可参见最高人民法院（2019）最高法民终2019号案。

② 类似案例可参见最高人民法院（2021）最高法民申4277号案、（2020）最高法民再81号案。

损失之间的因果关系等因素作出裁判。

【律师解读】

关于无效合同下是否应支持工程欠款利息支付的问题，实践中有两种观点。一种观点认为，在工程验收合格的前提下，无论是基于折价补偿义务还是支付工程款义务，发包人对承包人都负有付款义务，利息属于资金的法定孳息，与其对应的本金之间具有附随性，与发包人负有的付款责任同时产生，发包人未按照合同约定的时间和数额支付工程价款的，应当支付工程欠款利息。另一种观点认为，利息属于合同无效情形下承包人的损失，按照有关合同无效后果的法律规定，应考虑承包人对合同无效是否存在过错，若承包人存在过错，则其利息损失应自行承担，不得向发包人主张。

2 合同无效的，合同约定的迟延付款违约金或利息标准是否可以参照适用？

【争议问题】

合同无效的情况下，合同约定的迟延付款违约金或利息标准是否可以参照适用？

【裁判观点 1】

合同无效，合同约定的迟延付款违约金或利息条款亦无效，视为双方就利息没有作出约定，法院可参照司法解释的规定，酌情参考贷款基准利率作出认定。

【典型案例】最高人民法院(2021)最高法民申 59 号

在该案中，法院认为，案涉《建设工程施工合同》因肖某炎等三人借用建筑企业资质进行施工而无效，二审判决据此认定《补充还款协议承诺》关于“2015 年 4 月 21 日后完成工程量没有按照合同支付工程款同样按每天千分之一计算利息，利息计算到按照合同支付完工程款为止”的违约条款亦无效，本案应视为双方对欠付工程款利息标准没有约定。综合考量案涉工程竣工验收合格、双方在案涉施工合同履行中的实际情况、呈祥公司违约未支付工程款导致工程停工等因素，二审判决参照最高人民法院《关于审理买卖合同纠纷案件适用法律问题的解释》(2012 年)第 24 条第 4 款的规定，酌定利息按中国人民银行同期同类贷款基准利率上浮

30%计算,亦无不当。[①]

【裁判观点2】

施工合同无效但工程验收合格的,法院可参照双方合同约定,认定迟延支付工程价款的利息。

【典型案例】最高人民法院(2021)最高法民申2545号

在该案中,法院认为,最高人民法院《关于审理建设工程施工合同纠纷案件适用法律问题的解释》(已失效)第2条规定,建设工程施工合同无效,但建设工程经竣工验收合格,承包人请求参照合同约定支付工程价款的,应予支持。第17条规定,当事人对欠付工程价款利息计付标准有约定的,按照约定处理;没有约定的,按照中国人民银行发布的同期同类贷款利率计息。据此,本案虽然建设施工合同无效,但如前所述支付条件已经成就,江鹏公司作为实际施工人有权请求参照合同关于工程价款的约定补偿。一审、二审法院参照双方合同约定,认定迟延支付工程价款的利息按月利率2%计算,并无不当。茵梦湖公司主张按中国人民银行公布的同期贷款基准利率或同期全国银行业间拆借中心公布的贷款市场报价利率向江鹏公司支付逾期付款利息,依据不足。[②]

【裁判观点3】

合同无效情形下,合同中关于工程进度款利息的约定不能参照适用。

【典型案例】最高人民法院(2019)最高法民申1218号

在该案中,法院认为,在建设工程施工合同无效的情况下,最高人民法院《关于审理建设工程施工合同纠纷案件适用法律问题的解释》(已失效)第2条关于"请求参照合同约定支付工程价款"的规定原意应当是参照合同约定确定工程价款数额,主要指工程款计价方法、计价标准等与工程价款数额有关的约定,而双方关于付款节点约定的条款,不属于可以参照适用的合同约定。因此,肖某佑要求支付逾期工程进度款利息的主张缺乏法律依据,原审判决未予支持并无不当。

【法律依据】

《民法典》

第七百九十三条第一款　建设工程施工合同无效,但是建设工程经验收合格

---

① 类似案例可参见最高人民法院(2021)最高法民申2043号案。

② 类似案例可参见最高人民法院(2022)最高法民终4号案、(2021)最高法民终524号案。

的，可以参照合同关于工程价款的约定折价补偿承包人。

最高人民法院《关于审理建设工程施工合同纠纷案件适用法律问题的解释(一)》

第六条 建设工程施工合同无效，一方当事人请求对方赔偿损失的，应当就对方过错、损失大小、过错与损失之间的因果关系承担举证责任。

损失大小无法确定，一方当事人请求参照合同约定的质量标准、建设工期、工程价款支付时间等内容确定损失大小的，人民法院可以结合双方过错程度、过错与损失之间的因果关系等因素作出裁判。

第二十六条 当事人对欠付工程价款利息计付标准有约定的，按照约定处理。没有约定的，按照同期同类贷款利率或者同期贷款市场报价利率计息。

【律师解读】

在认可无效合同时，承包人有权获得欠款利息的前提下，关于利息的标准问题，司法实践中也存在不同的观点。可以明确的是，在施工合同无效的情况下，付款违约金或利息条款亦应无效，法院不能直接适用合同约定认定违约金或利息。有的法院认为可以"参照"合同约定的利息计算，但笔者认为这是扩大解释了《民法典》第793条中"参照"的范围。笔者倾向于认为，合同无效视为没有约定利息标准，应参照司法解释的相关规定，参考同期贷款市场报价利率确定利息。

3 是否可以同时主张工程款利息及逾期付款违约金?

【争议问题】

施工合同对于发包人逾期付款一般会约定相应的违约金，有时还会同时约定工程欠款的利息。在诉讼中，承包人是否可以同时主张工程款利息和违约金?

【裁判观点】

工程款利息及逾期付款违约金可以同时主张。

【典型案例】最高人民法院(2020)最高法民终1310号

在该案中，法院认为，工程款利息与逾期付款违约金虽均是因逾期付款行为产生的责任，但两者性质不同。工程款利息属于法定孳息；逾期付款违约金系双方当事人的约定，具有补偿性和惩罚性，能督促当事人积极履行合同，保护当事人的合理预期,促进交易安全。瑞泰公司关于工程款利息与违约金不能同时支持的上诉理由不能成立,不予支持。

【司法意见】

如果当事人在建设工程施工合同中明确约定了发包人在承担利息之外还应赔偿损失或者承担其他违约责任,则承包人在请求发包人承担约定之违约责任的同时还请求支付相应约定利息的,应当从其约定。[①]

【律师解读】

利息本质上属于损失的范围,发包人逾期付款,承包人有权主张违约金,也有权主张损失赔偿,二者其实都是发包人承担违约责任的方式。但是我国立法上关于违约责任的规定以填平原则为主,因此违约金加利息之和不能过高,否则法院可能予以适当调低。

4 逾期付款违约金过高的认定和调整标准是什么?

【争议问题】

在工程款争议中,面对承包人的逾期付款违约金或利息的主张,发包人通常会以违约金或利息过高为由进行抗辩。司法实践中,认定违约金或利息是否过高的标准是什么?

【裁判观点1】

建设工程施工合同纠纷并非民间借贷合同纠纷,应当以中国人民银行的贷款利息为标准确定应支付的利息。

【典型案例】最高人民法院(2020)最高法民终80号

在该案中,升汇永公司上诉主张,最高人民法院《关于审理建设工程施工合同纠纷案件适用法律问题的解释》(已失效)第17条规定,当事人对欠付工程价款利息计付标准有约定的,按照约定处理。升汇永公司与海原天洁公司在《施工承包协议》中约定,不按合同规定日期支付工程款项的,以月利率2%计取利息。故依据

---

① 参见最高人民法院民事审判第一庭编:《民事审判实务问答》,法律出版社2021年版,第86~87页。

上述司法解释，海原天洁公司应当按照月利率2%支付欠付工程款利息。原审法院判决海原天洁公司按中国人民银行发布的同期同类贷款基准利率计算利息错误。二审法院认为，首先，因双方始终未完成结算审核及外审，升汇永公司无证据证明应当支付工程款的具体日期，故无法执行合同的约定。其次，本案系建设工程施工合同纠纷，并非民间借贷合同纠纷，故一审法院认为合同约定的利息过高，以中国人民银行的贷款利息为标准确定应支付的利息并无不当。

【裁判观点2】

发包人逾期付款违约严重，给承包人造成较大损失的，法院可参照年利率24%调整适用违约金。

【典型案例】最高人民法院(2020)最高法民终383号

在该案中，法院认为，《建设工程施工合同》约定，发包人逾期支付工程款每日按未付款项部分2‰支付违约金，通州建总公司起诉请求中服公司按日1‰支付违约金。因中服公司系根本违约方，其长期占用通州建总公司付出的材料款、劳务费用等，给通州建总公司造成较大损失，原判决根据案涉情况将通州建总公司主张的违约金调整为年利率24%，并无明显不当。

【裁判观点3】

违约金约定过高，可参照贷款基准利率上浮30%酌定违约金。

【典型案例】最高人民法院(2020)最高法民申4517号

在该案中，法院认为，原审判决根据法律规定并结合本案实际情况，酌定星辰公司应以欠付工程款5,615,206元为基数，自2014年8月1日起按照中国人民银行同期同类人民币贷款基准利率上浮30%支付违约金，并无不当。①

【法律依据】

《民法典》

第五百八十五条第二款　约定的违约金低于造成的损失的，人民法院或者仲裁机构可以根据当事人的请求予以增加；约定的违约金过分高于造成的损失的，人民法院或者仲裁机构可以根据当事人的请求予以适当减少。

---

① 类似案例可参见广东省高级人民法院(2021)粤民申6027号案。

最高人民法院《关于审理建设工程施工合同纠纷案件适用法律问题的解释(一)》

第二十六条 当事人对欠付工程价款利息计付标准有约定的,按照约定处理。没有约定的,按照同期同类贷款利率或者同期贷款市场报价利率计息。

【律师解读】

关于如何认定违约金过高与否,实践中对此并没有形成统一标准。有的案例支持按照民间借贷相关司法解释所保护的上限利率调整工程款逾期违约金;有的案例仅支持以人民银行的基准贷款利率或贷款市场报价利率调整;有的案例则酌情以贷款市场报价利率的1.3倍或1.5倍作为衡量标准。具体调整幅度属于法院自由裁量权的范畴,二审法院和再审法院通常会尊重一审法院对此问题的自由裁量权,不轻易进行改判。

5 关于利息的起算时点应如何认定?

【争议问题】

实践中,如何认定利息的起算时点?

【裁判观点】

关于利息的起算时点,要根据具体情况,以交付日、提交结算文件之日或起诉之日为起算时点。

【典型案例1】最高人民法院(2020)最高法民终1042号

在该案中,法院认为,双方在合同中并未对工程款的利息作出明确约定。城建公司于2013年10月18日向首开公司报送盛京国际演艺中心一期主场馆工程结算书,而案涉工程尚未交付给首开公司。一审法院根据最高人民法院《关于审理建设工程施工合同纠纷案件适用法律问题的解释》(已失效)第18条的规定,认定案涉工程款利息应当从城建公司向首开公司提交结算文件之日起算,并无不当。

【典型案例2】最高人民法院(2021)最高法民终727号

在该案中,关于光明公司欠付工程款利息起算时间点的问题,申某松主张案涉工程款利息应从工程交付之日起计算,光明公司认为因案涉工程未结算,一审判决从起诉之日起算工程款利息符合法律规定。最高人民法院认为,本案中,案涉工程分别由申某松及朱某全等人施工,后因发承包双方对工程施工及付款等事项产生争议，申某松等人将工程移交给光明公司，但发承包双方未对案涉工程的工程款进行结算。因此，一审判决认定案涉工程款利息应以申某松起诉之日起算符合法律规定。

【典型案例3】最高人民法院(2021)最高法民申3829号

在该案中，法院认为，通常情况下，建设工程价款要经过竣工、验收、结算才能支付。发包人如果逾期不支付价款，就应当支付相应利息。换言之，利息从应付工程价款之日起计付，承包人应当在工程竣工验收合格后，在一定期间内向发包人和监理人提交竣工结算申请单，并提交完整结算资料，待监理人审核完毕、发包人完成审批后，该工程竣工结算完毕，并达到付款条件，而非仅以竣工验收合格日作为付款日。在虎林一建不能提供证据证明案涉工程已经结算并交付的情况下，结合迎春林业局提出以销售房屋的价款抵顶工程款的主张，以及虎林一建亦实际接收该售房款的事实，原审判决认定双方对合同约定的付款方式发生变更，具有事实依据。在双方变更结算方式，且对售房款能抵顶工程款数额、尚拖欠工程款数额未清算的情况下，虎林一建因该结算纠纷起诉到人民法院，寻求司法救济，向迎春林业局要求履行付款义务，原审判决以虎林一建起诉之日作为迎春林业局应付工程款之日，并计算逾期利息，并无不当。

【法律依据】

最高人民法院《关于审理建设工程施工合同纠纷案件适用法律问题的解释(一)》

第二十七条　利息从应付工程价款之日开始计付。当事人对付款时间没有约定或者约定不明的，下列时间视为应付款时间：

(一)建设工程已实际交付的，为交付之日；

(二)建设工程没有交付的，为提交竣工结算文件之日；

(三)建设工程未交付，工程价款也未结算的，为当事人起诉之日。

【律师解读】

如果施工合同明确约定了利息的起算时间，属于发包人和承包人的意思自治，双方应当共同遵守。如果施工合同没有约定或约定不明，则需要根据实际情况确定。最高人民法院司法解释规定的确定利息起算时间的先后顺序为交付之日、提交竣工结算文件之日、起诉之日。

6 人工费价差调整方式约定不明确的，应如何作出认定？

【争议问题】

合同对于施工过程中出现的人工费调整方式未作出明确约定的，应如何进行人工费的调整？

【裁判观点】

人工费价差调整方式约定不明确的，可以结合合同有关条款、双方交易习惯、当地市场价格、政府定价或者指导价等因素确定。

【典型案例】最高人民法院(2021)最高法民终739号

在该案中，法院认为，由于当事人有关约定中没有明确人工费价差如何收费，且双方当事人争议较大，属于约定不明。庭审中，风情园公司提出，万佳公司提交的2013年、2015年结算报告对人工费价差部分只计取了税金，没有计取全费。万佳公司称其系按照风情园公司的要求来报，其虽提交了结算书，但风情园公司没有进行审核，所以没有形成一致意见。根据原《合同法》第16条、第62条、第125条以及最高人民法院《关于适用〈中华人民共和国合同法〉若干问题的解释(二)》(已失效)第7条之规定精神，合同价款约定不明确的，可以结合合同有关条款、双方交易习惯、当地市场价格、政府定价或者指导价等因素确定。考虑到本案双方当事人约定涉案工程一般应当执行2009年定额，按行业规定人工费调整部分只计取税金，同时，考虑到当事人约定的人工费标准已经高于定额标准，为公平处理纠纷，本案宜采用鉴定机构根据2011年施工协议及行业规定确认的造价金额。上诉人的该项上诉请求于法有据，应予支持。

【法律依据】

《民法典》

第五百一十条　合同生效后，当事人就质量、价款或者报酬、履行地点等内容没有约定或者约定不明确的，可以协议补充；不能达成补充协议的，按照合同相关条款或者交易习惯确定。

第五百一十一条　当事人就有关合同内容约定不明确，依据前条规定仍不能确定的，适用下列规定：

……

（二）价款或者报酬不明确的，按照订立合同时履行地的市场价格履行；依法应当执行政府定价或者政府指导价的，依照规定履行。

……

【律师解读】

施工合同未明确约定人工费调差的，可以结合合同有关条款、双方交易习惯、当地市场价格、政府定价或者指导价等主张调整，同时各地住建部门出台的关于合同价款调整的指导意见亦可作为参考依据。笔者建议，发承包双方在合同中提前明确约定，人工费是否可调整以及如何调整，避免在履行时产生争议。

7 发包人代付款行为是否视为已经向承包人支付工程款？

【争议问题】

实践中，发包人向承包人的下游劳务或供应商直接支付款项非常普遍，但因此也会产生争议，发包人代付款行为是否视为已经向承包人付款？

【裁判观点】

未经承包人指示，发包人自愿代承包人偿还第三人欠款的，不能认定为其已支付承包人工程款。

【典型案例】最高人民法院（2021）最高法民申3862号

在该案中，法院认为，黄某华和刘某之间的民间借贷关系，与黄某华和五一公司之间的建设工程施工关系并非同一法律关系，不属本案审理范围。且《欠条》是黄某华向刘某出具的，并非黄某华向五一公司出具的，《欠条》对五一公司没有约束力，在黄某华并未指示五一公司代其向刘某还款的情况下，五一公司擅自向刘某还款的行为对黄某华不产生法律效力。据此，原审未将上述款项认定为已付工程款并无不当。五一公司关于上述款项应当认定为已付工程款的主张与事实不符，不能成立。

【法律依据】

《民法典》

第五百二十四条 债务人不履行债务，第三人对履行该债务具有合法利益的，第三人有权向债权人代为履行；但是，根据债务性质、按照当事人约定或者依照法律规定只能由债务人履行的除外。

债权人接受第三人履行后，其对债务人的债权转让给第三人，但是债务人和第三人另有约定的除外。

【律师解读】

合同相对性是合同法的基本原理，合同相对性原则上不能突破。实践中，建设工程领域往往存在实际施工人或劳务分包人越过承包人直接向发包人索要工程款的情形。在此情形下，建议发包人在承包人书面认可的情形下代为付款。如果无法取得承包人的事前授权或事后追认，发包人代付款后，在结算时要求从应付工程款中扣除代付款，或要求承包人返还代付款，极易引发纠纷。《民法典》出台后，若承包人未作出明确授权，发包人代付款行为可以被认定为下游供应商债权的转让，从而通过债权抵销的方式将代付款项与应付工程款抵销，最大限度地保障发包人的权益。

8 以房抵债无法履行时，承包人是否可以主张现金履行？

【争议问题】

建工领域发包人以房抵工程款的情况比较常见。当以房抵债无法实现时，承包人还能否要求发包人支付工程款？

【裁判观点】

合同约定以房抵账方式支付部分工程款但尚未履行的，承包人有权要求发包人以现金方式支付。

【典型案例】最高人民法院(2021)最高法民申4437号

在该案中，2013年11月20日，林茵公司与友兰公司签订《协议书》，明确截至该协议签订时，友兰公司已完工程总造价约21,500万元(不包括垫资利息)，最终造价以决算数额为准；林茵公司欠款总额为22,065万元；对此，林茵公司自愿用案涉项目待售房屋抵债，先用公寓房抵顶，不足部分用公建房售房款补齐；抵债房屋的具体价格为：公寓房每平方米5600元，公建房每平方米不低于1500元。协议签订后，双方未能办理前述房屋的预登记手续，林茵公司也未将前述房屋实际交付给友兰公司。关于未能办理前述房屋预登记手续的原因，双方确认是林茵公司在向农行庄河支行借款时，已将前述房屋抵押给了农行庄河支行。据此，原审认定前述协议虽然有效，但不能实际履行，友兰公司的债权无法实现，故林茵公司关于其已用公寓楼房 372 套，计 142,503,816 元抵顶工程款的主张不能成立，并无不当。申请再审时，林茵公司提交了大连海事法院向其送达案涉房屋评估报告时的送达笔录、庄河市不动产登记中心出具的《林茵园在建工程抵押明细》《林茵置业已备案登记表》等新证据，这些新证据虽然能够证明前述房屋未全部抵押给农行庄河支行，即使是抵押给农行庄河支行的房屋也可以办理备案登记，但不能证明前述协议已经实际履行、友兰公司的债权已经实现。在前述协议未实际履行、友兰公司的债权未实现的情况下，林茵公司关于其已用公寓楼房 372 套，计 142,503,816 元抵顶工程款的主张仍不能成立。①

【法律依据】

《民法典》

第二百零九条第一款　不动产物权的设立、变更、转让和消灭，经依法登记，发生效力；未经登记，不发生效力，但是法律另有规定的除外。

【律师解读】

发包人与承包人约定以物抵工程款的，如发包人未能实际履行，在此情形下，发包人支付工程款的义务仍未免除，以物抵债仅仅是工程款债权的一种替代履行方式，除非以物抵债协议明确免除了发包人支付工程款现金的义务。以物抵债不能履行时，承包人仍有权主张发包人以现金方式支付工程款。

9 承包人能否以材料价格上涨为由要求调价？

【争议问题】

施工合同履行过程中，如遇到建筑材料价格上涨，承包人能否要求调价？

【裁判观点 1】

承包方在投标时报价高出市场价，签订合同后材料费、人工费成本增加的，不能视为发生了不能预见的重大变化；以情势变更为由要求对工程价款进行调整的，

① 类似案例可参见最高人民法院（2021）最高法民申 7110 号案。

法院不予支持。

【典型案例】山东省高级人民法院(2020)鲁民终647号

在该案中,法院认为,湖南建工未提供证据证明合同成立后客观情况发生了不属于商业风险的重大变化。湖南建工一审中提交了德州工程造价信息,从该造价信息中可以看出,材料价格有变化,但不能认定发生了湖南建工不能预见的导致情势变更的重大变化。从湖南建工已提交的德州工程造价信息看,螺纹钢的价格涨幅较大,在2017年3月之后公布的造价信息高于投标价,但湖南建工在2016年6月投标时的报价为3800元,即在投标时的报价比当时公布的造价信息高出36%,应认为湖南建工在报价时已经充分预见了价格的浮动。虽然价格有波动,但不能认定为发生了湖南建工不能预见的重大变化。在一审反诉答辩时,湖南建工自认2017年6月24日文化中心主体工程完工,2017年11月旅游体验中心主体完工。湖南建工曾不同意钢材由甲方提供;在发林公司答辩时对材料价格及投标价格进行比对后,湖南建工并未提出对价格的反驳意见,且湖南建工未提交证据证明其购买相关材料的时间及具体购买价格,亦未提交证据证明在出现其主张的重大变化时,其曾与发林公司协商或请求人民法院变更或者解除合同。因此,对湖南建工主张发生情势变更,对材料价格进行调差的诉讼请求不予支持。

【裁判观点2】

发承包双方对工期延误造成材料上涨均有过错的,材料涨价的损失由双方共同承担。

【典型案例】山东省高级人民法院(2020)鲁民终2563号

在该案中,法院认为,在案涉工程施工过程中,一诺公司存在拖欠工程款的问题,长兴公司亦存在施工人员不足且中途退场的问题,双方对案涉工程延期造成材料价格上涨均存在过错,一审法院认定双方就材料上涨造成的损失各承担50%的过错责任,符合案涉工程实际。

【裁判观点3】

材料价格波动超出正常市场价格波动的,即使合同约定价格不调整,承包人仍有权要求调整合同价格。

【典型案例】江苏省高级人民法院(2020)苏民再8号

在该案中,法院认为,关于案涉合同中价格风险条款的约定是否有效的问题,根据案涉合同专用条款第 11.1 条“市场价格波动是否调整合同价格”的约定，合同价包括了施工期间的政策性调整、建材市场风险、合同责任、人工单价、施工质量及安全的风险等，市场价格波动的，不予调整合同价格。上述约定系建设工程固定价格的约定，并不违反法律、行政法规的强制性规定，故辰宇公司主张该约定因违反《建设工程工程量清单计价规范》的强制性规定而无效，亦缺乏充分依据，不予支持。在正常的市场价格风险情况下，建筑材料价格变化不应直接导致合同价格的调整。但本案中，从辰宇公司中标时的 2016 年 8 月至开工时的 2017 年 4 月，工字钢价格从 2016 年 8 月的 3130 元/吨大幅上涨至 2017 年 3 月的 4240 元/吨，涨幅达 35% 以上。案涉工程总价为 1,414,378.71 元，材料费即占 1,069,875.7 元。而案涉工程系钢结构工程，钢材为主要材料，双方当事人也均认可钢材占工程造价比例在 70% 以上。建筑行业系微利行业，承包人利润有限。上述钢材价格变化显然已超出市场价格的正常波动，极有可能导致合同约定价格低于承包人的实际施工成本，在这种情况下如苛求承包人按照原固定价格合同履行，极有可能导致承包人的亏损，亦极有可能带来建筑质量隐患。然而，鑫源公司以合同约定的工程计价方式为固定单价，材料价格上涨是辰宇公司应承担的合同项下的风险为由拒绝调整价格。辰宇公司也未尽最大努力继续进行沟通协商，而于 2017 年 3 月 21 日即向鑫源公司发函解除合同，其行为构成违约，应承担相应的违约责任。

【裁判观点 4】

因发包人原因工期延误，导致承包人采购材料时的价格比签订合同时发生了无法预见的大幅上涨，法院可参考行业主管部门的意见由双方分担价格上涨导致的损失。

【典型案例】最高人民法院(2019)最高法民申 3386 号

在该案中，法院认为，工程延期开工期间，水泥价格发生了双方在签订合同时无法预见的大幅上涨。吉林省住房和城乡建设厅 2011 年 12 月 1 日下发的吉建造[2011]18 号文件第 2 条规定：“由于今年水泥市场价格上涨幅度较大，比 2010 年同期涨幅超过 50%，发、承包双方在招投标和签订合同过程中无法预测。发、承包双方合同中对水泥价格未明确风险范围和超出风险范围未明确调整办法的，工程结算时可以按工程投标期信息价格为基数，水泥结算差价 10% 以内的部分由承包人承担，超过 10% 以上的部分由发包人承担，签订补充协议协商解决。”该文件虽系行业指导性文件，不能直接作为人民法院审理案件的法律依据，但可以作为人民法院审理案件的参考。该文件载明吉林省水泥市场价格在2011年发生了施工双方无法预见的大幅上涨。结合该文件及东煤公司于2011年4月及2011年8月先后签订的两份《水泥产品购销合同》，可认定华能公司的原因导致工程延期开工，东煤公司为进行施工采购水泥的成本已由每吨430元上涨至每吨600元，东煤公司为进行案涉工程施工所需支出的成本增加。上述政府文件对于水泥价格上涨成本的负担提出了指导性意见，虽提出双方签订补充协议协商解决，但对于双方无法就水泥调差问题达成一致意见诉至法院的，二审法院参考政府文件中确定的水泥调差款负担比例认定双方责任，并无不当。

【法律依据】

《民法典》

第五百三十三条第一款　合同成立后，合同的基础条件发生了当事人在订立合同时无法预见的、不属于商业风险的重大变化，继续履行合同对于当事人一方明显不公平的，受不利影响的当事人可以与对方重新协商；在合理期限内协商不成的，当事人可以请求人民法院或者仲裁机构变更或者解除合同。

【律师解读】

施工过程中遭遇材料价格上涨，承包人是否有权主张调价？这是施工领域纠纷最多、争议最大的问题之一。在合同明确约定了价格风险范围的情况下，按照合同约定履行自不必说；但实践中大部分情形下发包人利用优势地位在合同中约定价格上涨风险全部由承包人承担，或合同价格已包含全部风险。在此情况下，双方易产生较大争议。首先，在合理的涨幅范围内（至于合理的涨幅范围，若合同中没有约定，通常会按照当地建设行政主管部门发布的文件认定），建筑材料价格变化不应导致合同价格的调整；如果材料价格大幅上涨，全部由承包人承担风险显然有失公平，法院有可能依据《民法典》关于情势变更的规定，调整价格。当然，材料价格风险与工期息息相关，因一方工期违约导致实际购买材料时遭遇涨价的，损失应归于违约方。

10 承包人未开具发票的，发包人是否可以预留税金金额？

【争议问题】

承包人未向发包人开具工程款发票的，发包人能否预留与税金相当的工程款作为损失补偿？

【裁判观点1】

发包人主张因承包人未开具发票，导致企业所得税税金损失，但未能举证证明实际发生的税金金额的，法院不予支持。

【典型案例】最高人民法院（2021）最高法民申7110号

在该案中，法院认为，关于预留税金金额问题，双方对于税金明确约定："甲方支付资金时，乙方必须给甲方提供正规发票，甲方按发票金额支付资金，其税金乙方自负。"税款应由承包人缴纳，因此大宗大宇公司应将其作为工程价款一部分，支付给天宇公司，一审考虑天宇公司未向大宗大宇公司给付已付工程款部分发票的事实判决预留税金后，天宇公司并未提出异议或提起上诉。如出现预留款项不足以抵顶大宗大宇公司实际代扣代缴的税金或大宗大宇公司因天宇公司未及时缴纳税金遭受损失等情形，大宗大宇公司仍可另行主张权利。大宗大宇公司自认案涉工程款企业所得税尚未缴纳，亦未就当前税金已达600万元以上提供有力证据，最高人民法院对其主张原二审程序违法，应预留600万元至900万元税金的再审申请理由，依法不予支持。

【裁判观点2】

税金数额系发包人单方计算，未经相关税务部门的审核认定的，不能证明未开具发票所对应的税金及费用数额；因此发包人要求扣除税金的请求不予支持。

【典型案例】最高人民法院（2019）最高法民终340号

在该案中，《总包单位扣款确认单》明确，中航公司尚欠中城建吉林公司约1.6亿元工程款发票，要求中航公司于2017年3月31日前提供，如在截止日期不提供，中城建吉林公司将在工程款中扣除相关税金及费用。虽然双方约定如中航公司未在约定的期限内向中城建吉林公司提供发票，则相关的税金及费用在工程款中扣除。但是，一方面，中城建吉林公司在一审时提交的证明税金数额的相关证据系其单方计算，未经相关税务部门的审核认定，中航公司不予认可，且中城建吉林公司未提交充分证据证明中航公司未开具发票所对应的税金及费用数额；另一方面，中航公司在本案诉讼中明确表示，其愿意向中城建吉林公司开具发票。故一审法院未支持中城建吉林公司关于扣除税金及费用的主张，并无不当。对此，一审法院指出，如中航公司拒不履行开具发票的义务，其可另寻途径解决，此种处理符合建设工程施工合同纠纷中的发票纠纷处理实际，二审法院予以确认。

【裁判观点3】

合同中未约定发包人在承包人未提供发票时可以代扣税款的，对发包人代扣税款的请求，法院不予支持。

【典型案例】最高人民法院(2021)最高法民申5686号

在该案中，法院认为，江苏奥达公司作为建筑工程的承包人，应当向付款方平果恒泰公司开具工程款发票，双方在合同中亦作此约定。但是，双方并未约定平果恒泰公司在江苏奥达公司未提供发票时可以代扣税款，江苏奥达公司系缴纳税款的主体，平果恒泰公司在本案中请求直接扣留相应税款，缺乏事实和法律依据，二审判决对该请求不予支持，并无不当。

【法律依据】

《建设工程施工发包与承包价格管理暂行规定》(已失效，仅供参考)

第五条第二款 工程价格由成本(直接成本、间接成本)、利润(酬金)和税金构成。

《税收征收管理法》

第二十一条第二款 单位、个人在购销商品、提供或者接受经营服务以及从事其他经营活动中，应当按照规定开具、使用、取得发票。

《发票管理办法》

第二十条 所有单位和从事生产、经营活动的个人在购买商品、接受服务以及从事其他经营活动支付款项，应当向收款方取得发票。取得发票时，不得要求变更品名和金额。

【律师解读】

承包人未向发包人提供发票，的确会给发包人造成税金方面的损失，直接的损失是增值税税金，间接地还可能造成土地增值税和企业所得税的损失。但通常只有在发包人举证证明因税金发生实际损失的情形下，法院才会支持发包人的该项损失赔偿请求。发包人自行计算的税金损失通常难以获得法院的支持。

11 合同约定税金与规费由发包方从工程款中代扣代缴，该约定是否有效？

【争议问题】

在不规范的发承包关系中，有的合同约定承包人应缴的税金和规费，由发包人从工程款中代扣代缴，但实际履行中，发包人并没有进行代扣代缴，承包人能否主张发包人支付该部分价款？

【裁判观点 1】

合同约定发包人将税金和规费从工程款中代扣代缴，但并未约定实际发生代扣代缴行为才能扣除工程款的，承包人无权向发包人主张支付该等金额。

【典型案例】最高人民法院(2021)最高法民申 2553 号

在该案中，法院认为，江山公司与朱翔公司签订的《工程合作协议书》中约定"税金及规费由甲方(江山公司)从乙方(朱翔公司)工程款中代扣代缴"，故应从总工程款中扣除相应规费。朱翔公司认为扣除规费的前提，必须是江山公司确实代为缴纳了规费，故在江山公司无证据证明其已实际代缴的情形下，不应在总工程款中扣除规费。对此，法院认为，朱翔公司并无证据证明双方曾就扣除规费应以实际代缴为前提进行过条款变更，应承担相应举证不能的不利后果。二审判决并无不当，对该再审请求不予支持。

【裁判观点 2】

税金属于工程价款的组成部分，应当在工程款计取中一并支付，依法由承包人负责缴纳。发包人未提供已代为缴纳税金的证据的，对其扣除代缴税金的主张不予支持。

【典型案例】最高人民法院(2021)最高法民申 3730 号

在该案中，法院认为，关于规费和税金的承担问题，泓建集团分公司作为案涉施工合同约定的施工承包单位，负有向有关部门缴纳税金、规费的义务。在办理工程结算时，应参照法定和约定的施工企业规费计取标准核定计取费用。隆森公司主张案涉工程不应缴纳规费、应从欠付工程款中扣除，但其提交的主要证据黑龙江省住房和城乡建设厅《关于发布二〇一一年建筑安装工程结算指导意见的通知》

规定,“规费按照《黑龙江省施工企业规费计取管理办法》(黑建造价[2010]6 号)的规定执行”,其亦未提交代缴规费的相关证据。故原审对隆森公司此项主张不予支持适用法律并无不当。《撤场协议书》第 6 条约定,施工企业所欠税金由开发企业代扣代缴或给付工程款时或以楼房变现时由施工企业自行缴纳。税金属于工程价款的组成部分,应当在工程款计取中一并支付,依法由承包人负责缴纳。隆森公司主张代缴税金 3,623,592.71 元应予扣除,但未提供已代为缴纳税金的缴费凭证。故原审对隆森公司关于扣除代缴税金的主张不予支持,适用法律亦无不当。

【法律依据】

《税收征收管理法》

第四条 法律、行政法规规定负有纳税义务的单位和个人为纳税人。

法律、行政法规规定负有代扣代缴、代收代缴税款义务的单位和个人为扣缴义务人。

纳税人、扣缴义务人必须依照法律、行政法规的规定缴纳税款、代扣代缴、代收代缴税款。

第三十条第一款 扣缴义务人依照法律、行政法规的规定履行代扣、代收税款的义务。对法律、行政法规没有规定负有代扣、代收税款义务的单位和个人,税务机关不得要求其履行代扣、代收税款义务。

【律师解读】

根据我国税收征管相关法律规定,代扣代缴义务人是指符合法律、行政法规规定的负有代扣代缴义务的单位或个人。建设工程发承包关系中,发包人并非承包人应缴税金的法定代扣代缴义务人,发包人只有实际履行了代扣代缴义务,能够提供代扣代缴的相关凭证,才可以主张从工程款中扣除相应税费。

12 发包人能否以承包人未开具发票为由拒不支付工程价款?

【争议问题】

承包人未按合同约定先开具发票,发包人以此为由拒不支付工程款的,是否属于行使先履行抗辩权的合法行为?

【裁判观点】

合同未约定将提供发票作为先履行义务的，发包人不得以承包人未开具发票为由抗辩其逾期付款的行为。

【典型案例】最高人民法院(2021)最高法民申7246号

在该案中，国信龙沐湾公司以双方在案涉《施工总承包合同》中"发包人向承包人支付工程款前，承包人须向发包人提交正式工程发票及完税证明。发包人保留对工程税金代缴代扣的权利"的约定，主张由于中建二局第三公司未按照合同约定提交正式发票和完税证明，故案涉工程付款条件未成就。虽然双方当事人约定了中建二局第三公司开具发票的义务，但并没有明确约定如果中建二局第三公司不及时开具发票，国信龙沐湾公司有权拒绝支付工程价款。依据双务合同的性质，合同抗辩的范围仅限于对价义务，支付工程款与开具发票是两种不同性质的义务，二者不具有对等关系，国信龙沐湾公司以此作为案涉工程付款条件未成就的抗辩理由不能成立。①

【法律依据】

《民法典》

第五百二十六条　当事人互负债务，有先后履行顺序，应当先履行债务一方未履行的，后履行一方有权拒绝其履行请求。先履行一方履行债务不符合约定的，后履行一方有权拒绝其相应的履行请求。

【司法意见】

在一方违反约定没有开具发票的情况下，另一方不能以此为由拒绝履行合同主要义务即支付工程价款。除非当事人明确约定：一方不及时开具发票，另一方有权拒绝支付工程价款。这种情况就意味着双方将开具发票视为与支付工程价款同等的义务。②

【律师解读】

按通常理解，《民法典》第526条所称的互负债务，是指对价义务或称对等义务，即一方不履行对价义务的，另一方才有抗辩权。支付工程款义务与开具发票义务不构成对价义务。前者是主要义务，后者是次要义务，二者不具有对等关系。因

---

① 类似案例可参见最高人民法院(2021)最高法民申4865号案、(2021)最高法民申4526号案。

② 参见最高人民法院民事审判第一庭编：《民事审判实务问答》，法律出版社2021年版，第77页。

此一般情况下，即使合同中约定了承包人开具发票义务在先，发包人支付工程款义务在后，发包人也不能以承包人不开具发票为由不支付工程款。但若合同中明确约定承包人不及时开具发票，发包人有权拒绝支付工程价款。这种情况就意味着双方将开具发票视为与支付工程价款同等的义务。此时，发包人享有先履行抗辩权。

13 当事人对工程变更部分的价款不能协商一致的，应如何确定工程价款？

【争议问题】

建设工程施工合同履行过程中，因发生重大的工程变更，导致工程量发生了重大变化。对于变更部分的工程价款，因没有明确的合同依据，当事人双方常常发生争议。

【裁判观点】

当事人对工程变更部分的价款不能协商一致的，法院参照签订建设工程施工合同时当地建设行政主管部门发布的计价方法或者计价标准结算工程价款。

【典型案例】最高人民法院(2021)最高法民申3654号

在该案中，法院认为，根据最高人民法院《关于审理建设工程施工合同纠纷案件适用法律问题的解释》(已失效)第16条第2款关于“因设计变更导致建设工程的工程量或者质量标准发生变化，当事人对该部分工程价款不能协商一致的，可以参照签订建设工程施工合同时当地建设行政主管部门发布的计价方法或者计价标准结算工程价款”的规定，鸿基公司和陈某锋对合同签订后新增加的工作量计价标准未能协商一致，故原审判决根据合同签订时2013年《甘肃省建筑安装工程费用定额》进行计价并无不当，亦与合同内约定工程量参照2004年《甘肃省建筑安装工程费用定额》计价并不矛盾。故对陈某锋关于原审判决认定工程造价标准有误的再审请求，不予支持。

【法律依据】

最高人民法院《关于审理建设工程施工合同纠纷案件适用法律问题的解释(一)》

第十九条 当事人对建设工程的计价标准或者计价方法有约定的，按照约定结算工程价款。

因设计变更导致建设工程的工程量或者质量标准发生变化，当事人对该部分工程价款不能协商一致的，可以参照签订建设工程施工合同时当地建设行政主管部门发布的计价方法或者计价标准结算工程价款。

……

【律师解读】

实践中，设计变更、进度计划变更、施工条件变更或者发包方提出“新增工程”等工程变更导致建设工程的工量或者质量标准发生变化的情况非常普遍。建设工程结算工程款的基本原则是意思自治，只要合同约定是明确的，原则上仍应适用原合同约定的计价方法和标准进行结算。而在因改变工程的性质、标准，不宜适用原合同约定的计价方式和标准结算工程款，或者原合同约定不明无法适用，当事人又不能协商一致的情况下，则可根据最高人民法院《关于审理建设工程施工合同纠纷案件适用法律问题的解释（一）》第19条第2款的规定，参照签订建设工程施工合同时当地建设行政主管部门发布的计价方法或者计价标准结算工程价款。这对发包方的启示是：应当在签约时，尽量对可能发生的工程变更的计价方式和结算方式作出明确约定，以保证工程变更的造价可控。

14 无效合同下支付管理费的主张是否能获得支持？

【争议问题】

承包人与实际施工人签订的挂靠资质合同或转包合同，一般会约定实际施工人向承包人支付一定比例的管理费。支付该管理费的主张在司法实践中是否能获得支持？

【裁判观点1】

承包人在施工现场派驻了管理人员，实施了工程质量的控制、监督、检查等管理职责，实际施工人应参照合同约定支付管理费。

【典型案例】最高人民法院(2021)最高法民申6760号

在该案中，法院认为，案涉《污水管网工程劳务合同》经一审、二审均认定无效，王某财、山东黄河公司均不能基于合同无效而获取超出合同有效时应得利益的利益。根据一审、二审查明的事实，山东黄河公司在施工现场派驻了管理人员，实施了工程质量的控制、监督、检查等管理职责，相关管理活动已物化在建设工程中，王某财亦应折价补偿。故原判决认定由王某财参照合同约定支付管理费，并无不当。王某财的该项再审理由，依法不能成立。①

【裁判观点 2】

建设工程合同对属于非法利益的“管理费”的约定是无效的，法院一般依据被挂靠单位是否实际投入管理，参考双方约定，酌情作出认定。

【典型案例】最高人民法院（2021）最高法民申 2520 号

在该案中，法院认为，根据一审查明的事实，李某系案涉工程实际施工人，五一公司向没有施工资质的自然人李某进行违法分包，双方之间的合同约定无效。无论五一公司与独山县政府之间采取何种计价模式，其明知李某系不具有施工资质的自然人仍然向其分包工程且约定高额管理费，对此，一审判决未按合同约定支持38%的管理费，而是在综合建设工程行业管理费的一般收取比例及五一公司实际提供的管理服务的基础上，酌定以工程款 8% 作为管理费并无不当，五一公司于再审审查期间提交的证据材料不足以推翻一审判决的认定。②

【法律依据】

《民法典》

第一百五十七条　民事法律行为无效、被撤销或者确定不发生效力后，行为人因该行为取得的财产，应当予以返还；不能返还或者没有必要返还的，应当折价补偿。有过错的一方应当赔偿对方由此所受到的损失；各方都有过错的，应当各自承担相应的责任。法律另有规定的，依照其规定。

【司法意见】

转包合同、违法分包合同及借用资质合同均违反法律的强制性规定，属于无效合同。前述合同关于实际施工人向承包人或者出借资质的企业支付管理费的约定，应为无效。实践中，有的承包人、出借资质的企业会派出财务人员等个别工作

---

① 类似案例可参见最高人民法院（2021）最高法民申 1577 号案、（2021）最高法民申 1643 号案。

② 类似案例可参见最高人民法院（2021）最高法民申 3985 号案、（2021）最高法民申 2918 号案、（2021）最高法民申 1643 号案、（2021）最高法民申 4125 号案、（2021）最高法民申 3984 号案、（2021）最高法民申 5511 号案。

人员从发包人处收取工程款,并向实际施工人支付工程款,但不实际参与工程施工,既不投入资金,也不承担风险。实际施工人自行组织施工,自负盈亏,自担风险。承包人、出借资质的企业只收取一定比例的管理费。该管理费实质上并非承包人、出借资质的企业对建设工程施工进行管理的对价,而是一种通过转包、违法分包和出借资质违法套取利益的行为。此类管理费属于违法收益,不受司法保护。因此,合同无效,承包人或者出借资质的建筑企业请求实际施工人按照合同约定支付管理费的,不予支持。①

建设工程施工合同因非法转包、违法分包或挂靠行为无效时,对于该合同中约定的由转包方收取"管理费"的处理,应结合个案情形根据合同目的等具体判断。如该"管理费"属于工程价款的组成部分,而转包方也实际参与了施工组织管理协调的,可参照合同约定处理;对于转包方纯粹通过转包牟利,未实际参与施工组织管理协调,合同无效后主张"管理费"的,应不予支持。合同当事人以作为合同价款的"管理费"应予收缴为由主张调整工程价款的,不予支持。基于合同的相对性,非合同当事人不能以转包方与转承包方之间有关"管理费"的约定主张调整应支付的工程款。②

【律师解读】

关于对支付管理费的主张是否应当支持,司法实践中一直以来争议很大。如最高人民法院上述两则意见也不相同。从大量的案例看来,大部分法院会根据发包方实际参与管理的程度酌情支持一定的管理费。

15 政府投资的 BT 项目中,政府方是否应承担支付工程款的责任?

【争议问题】

BT 模式下,由 BT 承包商对外发包签订施工总承包合同。对于该合同项下形成的工程款欠款,作为业主方的地方政府机构是否应当承担付款责任?

【裁判观点 1】

政府投资的 BT 项目中,地方政府是业主方但不是工程的发包人,不应承担支

① 参见最高人民法院民事审判第一庭 2021 年第 21 次专业法官会议纪要。

② 参见最高人民法院第二巡回法庭 2020 年第 7 次法官会议纪要。

付工程款的责任。

【典型案例】最高人民法院(2021)最高法民申3560号

在该案中,法院认为,盘南园区管委会不是案涉工程发包人。BT项目是一种集融资、施工和移交为一体的项目投资模式,多用于基础设施和公益项目建设。一般情况下,地方政府是BT项目发起人,地方政府会把项目委托给政府负责人。建设方往往集投资与施工于一体,也有投资方与施工企业分离形成合作关系,建设方通过自有资金或对外融资依约完成建造项目,并由政府或政府平台公司回购该项目。本案中盘南园区管委会作为业主,不是案涉工程发包人。在申安盘南公司介入案涉工程之前,由德感公司作为案涉工程的投资人和承包人,在申安盘南公司进入案涉工程后,申安盘南公司作为案涉工程投资人(发包人),德感公司作为承包人。二审法院未判令盘南园区管委会承担付款责任并不违反法律规定,且符合本案事实。①

【裁判观点2】

管委会作为业主单位授权其他方对外招标并签订施工合同,施工合同体现了管委会的意志,应当认定管委会为施工合同的当事人之一,且管委会系工程的实际受益方,理应承担工程款付款责任。

【典型案例】最高人民法院(2021)最高法民申2568号

在该案中,法院认为,案涉《基础设施框架协议》《施工框架协议》共同约定了案涉工程的承发包事宜,《施工框架协议》约定的工程范围包含在《基础设施框架协议》约定的工程范围内,两份框架协议的内容相互交叉,部分约定内容基本一致,都匀经开区管委会关于两份框架协议之间不存在关联性的理由不能成立。案涉《施工合同》是在《基础设施框架协议》《施工框架协议》的基础上签订的,属于对该两份框架协议的细化。虽然《施工框架协议》中没有关于清水江公司作为业主单位的授权条款,但《基础设施框架协议》中约定都匀经开区管委会授权清水江公司作为业主单位对案涉工程进行招标,而且清水江公司在招投标之前就向重庆交旅公司支付工程款、确认工程进度产值,而该义务属于《基础设施框架协议》《施工框架协议》约定的都匀经开区管委会应履行的义务,清水江公司付款和确认产值的

---

① 类似案例可参见最高人民法院(2021)最高法民申2706号案。

行为本身就可视为已取得都匀经开区管委会的授权，故清水江公司作为业主单位对案涉工程进行招标并与中标人签订《施工合同》，体现了都匀经开区管委会的意志，二审判决认定都匀经开区管委会属于案涉建设工程施工合同法律关系的相对方之一并无不当。此外，案涉工程属于都匀经开区管委会规划范围内的大型基础设施项目，都匀经开区管委会是涉案工程的实际受益方，本案中由其承担案涉工程款的付款责任并无不当。

【法律依据】

原建设部《关于培育发展工程总承包和工程项目管理企业的指导意见》

四、进一步推行工程总承包和工程项目管理的措施……（七）提倡具备条件的建设项目，采用工程总承包、工程项目管理方式组织建设。

鼓励有投融资能力的工程总承包企业，对具备条件的工程项目，根据业主的要求，按照建设—转让（BT）、建设—经营—转让（BOT）、建设—拥有—经营（BOO）、建设—拥有—经营—转让（BOOT）等方式组织实施。

【律师解读】

BT 模式是政府投资项目常采用的建设模式之一，其出发点是解决政府方资金紧张而不能自行实施工程的问题。其方式是由政府机构选择有投融资能力又有建筑施工承包资质的建筑企业作为项目的投资方，代业主投资、管理项目，项目完成后，由政府部门按约定回购项目。在 BT 模式下，政府部门负有依约支付"项目回购款"的义务，而投融资主体应独立负责工程的建设事宜。因此，从 BT 模式的初衷看，政府机构不应当对项目过程中形成的具体工程欠款承担责任。除非业主方实际参与了工程发包、签约和履约过程，否则不能仅以业主方是最终的利益承受主体为由，破坏合同的相对性原则和 BT 模式的制度初衷，将业主方拉进具体的承发包合同关系中。

16 合作开发各方是否对承包人的工程款承担连带责任？

【争议问题】

在非项目公司的合作开发模式下，往往由合作开发的一方独立对外签订工程承包合同并支付工程款。当其不能支付工程欠款时，承包人能否主张另一合作方对工程款支付承担连带责任?

【裁判观点1】

根据合同相对性原则,合作开发各方不因合作开发同一项目、实际享有项目利益而对合作一方的单方债务承担连带责任。

【典型案例】最高人民法院(2020)最高法民再315号

在该案中,归纳昊雍公司援引的事实与理由,其请求熙园公司、御园公司承担责任的逻辑是,熙园公司、御园公司因与功德公司合作开发项目共同受益于昊雍公司投入资金获得的土地使用权,作为利益共同体应当承担连带责任。原判决基本支持了昊雍公司的主张,认为该公司投入的资金已转化为与案涉土地使用权对应的财产性权利,该权利已被熙园公司实际享有,熙园公司理应支付昊雍公司投资款本息。可见,无论是昊雍公司,还是一审、二审法院,让熙园公司和御园公司承担连带责任的主要理由都是熙园公司和御园公司实际享有了昊雍公司投入资金产生的利益。对此,再审法院认为,昊雍公司的请求与原判决的裁判均缺乏法律依据,背离了合同相对性原则。熙园公司、御园公司对案涉土地及项目的权利和利益源自《合作协议书》,而非昊雍公司投入的资金。熙园公司、御园公司不因与功德公司合作开发房地产而对功德公司的单方债务承担连带责任。原判决判令熙园公司和御园公司承担连带责任,既无合同依据,亦无法律依据,处理错误,再审法院予以纠正。①

【裁判观点2】

合作开发的双方依约分享案涉工程带来的利益,而且也实际参与案涉工程的管理的,应当就案涉工程款的支付承担共同清偿责任。

【典型案例】最高人民法院(2021)最高法民终375号

在该案中,长业公司上诉认为,统建中心应当对欠付工程款承担共同清偿责任。基于以下考虑,法院认为统建中心亦应承担付款义务。首先,统建中心与鼎咸公司签订的《咸阳市廉租房和经济适用房项目合作建设框架协议》《"渭阳新村"保障房项目合作建设协议书》及其补充协议载明,统建中心系案涉项目的建设主体,负责项目"总体筹划、监督实施……建设管理工作",并负责办理相关的各种手续,

---

① 类似案例可参见最高人民法院(2021)最高法民申4877号案。

案涉项目亦以该中心的名义申报；鼎咸公司则负责资金筹集和项目建设管理；统建中心以包干形式向鼎咸公司收取管理费用；对于案涉项目商业用房及地下室，鼎咸公司亦需按建设成本购买，在房款付清后才能取得产权。由此可见，一方面，统建中心与鼎咸公司双方需相互配合才能共同完成案涉房产的开发；另一方面，鼎咸公司只有在交付对价之后才能取得案涉项目商业用房的所有权而非建造后当然取得产权，统建中心借此收取管理费，亦可获取相关收益。据此可认定统建中心与鼎咸公司关于案涉项目存在合作关系。其次，从实际履行来看，统建中心项目部与长业公司签订施工合同后，2012 年 1 月长业公司即实际进场施工。此后，案涉项目以统建中心名义进行招标，中标通知的发证单位亦显示为统建中心；招投标后，其双方亦于 2012 年 8 月签订《建设工程施工合同》用于备案。直至 2013 年 1 月鼎咸公司与长业公司签订案涉施工合同之前，统建中心与长业公司一直在实际履行双方签订的建设工程施工合同，此时亦无证据证明鼎咸公司以其名义直接介入案涉工程的施工。鼎咸公司与长业公司签订的《建设工程施工合同》虽约定，统建中心项目部与长业公司之前签订的《工程项目施工协议》及其补充协议予以终止，以及统建中心作为甲方所做的所有招投标文件及签订的协议，仅作备案使用，但鉴于统建中心不仅与鼎咸公司存在合作关系、依约分享案涉工程带来的利益，而且也实际参与了案涉工程的管理，故其应当就案涉工程款的支付承担共同清偿责任。一审判决在正确认定统建中心与鼎咸公司存在合作关系的基础上，未支持长业公司要求统建中心承担共同清偿责任的诉讼请求确有不当，二审法院予以纠正。①

【法律依据】

《民法典》

第一百七十八条第三款　连带责任，由法律规定或者当事人约定。

第四百六十五条　依法成立的合同，受法律保护。

依法成立的合同，仅对当事人具有法律约束力，但是法律另有规定的除外。

《河北省高级人民法院建设工程施工合同案件审理指南》

16. 合作开发房地产合同中的一方当事人作为发包人与承包人签订建设工程施工合同，承包人要求合作开发的各方当事人对欠付的工程款承担连带责任的，人

---

① 类似案例可参见最高人民法院（2021）最高法民申 4860 号案、（2020）最高法民再 219 号案。

民法院应予支持。

【律师解读】

根据法律规定,连带责任的承担应基于法律的规定或合同的约定。合作开发模式下,要认定合作各方承担连带责任没有法律上的依据,只能寻找合同上的依据。在合同没有明确约定的情形下,根据合同的相对性原理,应由签订合同一方单独承担责任。但司法实践中,有案例支持合作方对另一方的合同债务承担共同责任,主要理由有两方面:一是合作各方作为项目的共同受益方获得了合同的利益,根据权利义务对等的原则,应当承担相应对价;二是合作各方一定程度上参与了合同的订立或履行过程,可以认定为隐名的、共同的合同当事人。鉴于此,在合作开发模式下,合作各方应当对此风险有足够的认识和防范。

17 代建模式下,业主方是否负有支付工程款的责任?

【争议问题】

在代建模式下,对代建方独自对外发包签订施工合同所形成的工程欠款,业主方是否应承担付款责任?

【裁判观点】

代建方单独招标并签订施工合同的行为并非受业主方委托的代理行为,业主方并非施工合同的当事人,不应承担合同义务。

【典型案例】最高人民法院(2019)最高法民申6760号

在该案中,案涉工程《招标文件》载明,项目业主为资阳诚兴公司,招标人和代建业主为资阳金江公司。中欧公司中标后,资阳金江公司以自己的名义作为发包人与承包人中欧公司签订《建设工程施工合同》。资阳金江公司虽是《招标文件》载明的代建业主,但没有证据证明资阳诚兴公司授予其代理权,资阳金江公司亦未以资阳诚兴公司名义实施法律行为,其与资阳诚兴公司之间不成立委托代理关系。资阳诚兴公司与中欧公司之间并无合同关系,中欧公司关于资阳金江公司系资阳诚兴公司委托代理人,符合原《合同法》第402条规定的隐名代理情形,案涉工程款应由资阳诚兴公司支付的主张,无事实及法律依据,其再审申请理由不能成立。

【法律依据】

《民法典》

第一百六十二条 代理人在代理权限内,以被代理人名义实施的民事法律行为,对被代理人发生效力。

第一百七十一条第一款 行为人没有代理权、超越代理权或者代理权终止后,仍然实施代理行为,未经被代理人追认的,对被代理人不发生效力。

第九百二十五条 受托人以自己的名义,在委托人的授权范围内与第三人订立的合同,第三人在订立合同时知道受托人与委托人之间的代理关系的,该合同直接约束委托人和第三人;但是,有确切证据证明该合同只约束受托人和第三人的除外。

【律师解读】

应当充分理解,项目代建制是为了解决项目业主方缺乏建设管理的经验或资质,从而委托专业代建方进行项目管理的一种特殊制度安排。代建制不仅广泛存在于政府投资类工程中,也存在于民间投资类项目中。代建制的目的是使代建单位能够作为项目建设法人,全权负责项目建设的组织管理、招投标等。因此,代建合同有别于一般意义上的委托合同,代建行为也不是单纯的代理行为,代建单位在代建工作范围内应对外独立承担民事责任。

18 联合体各方是否应对外部债务承担连带责任?

【争议问题】

联合体承包模式下,联合体一方对外签订的合同,是否对其他联合体成员具有法律约束力?联合体各方是否对因该合同产生的债务承担连带责任?

【裁判观点】

联合体的任一成员为了案涉工程所签订的合同的权利义务,理应由联合体全部成员共同享有及承担。联合体成员之间内部责任的分担约定,不影响联合体成员外部责任的连带承担。

【典型案例】最高人民法院(2021)最高法民申6087号

在该案中,再审法院认为,本案事实表明,案涉工程系由顺洋公司、中水八局与案外人中科琪林公司组成的联合体共同承接,顺洋公司为项目投资方,中水八局、中科琪林公司为项目施工方,中水八局为联合体施工主承担方;此后,顺洋公司设立了项目公司耀龙公司,耀龙公司承接了顺洋公司专属之外的其他权利义务,成为联合体的一员。上述联合体的任一成员为了案涉工程所签订合同的权利义务,理应由联合体全部成员共同享有及承担。故此,二审判决认定,案涉工程发包人的权利义务应由联合体成员共同承担,案涉履约保证金50万元系耀龙公司代表联合体向赣基公司、贺某群收取;遂判令中水八局作为发包人应向赣基公司、贺某群支付剩余工程价款,退回履约保证金及支付债务迟延履行期间的利息,顺洋公司、耀龙公司对中水八局的上述给付义务承担连带清偿责任正确。至于中水八局再审主张依其与顺洋公司之间的约定不应承担发包人责任的问题,再审法院认为,此系联合体成员之间内部责任的分担问题,不影响联合体成员外部责任的连带承担。案外人中科琪林公司系联合体成员,赣基公司、贺某群在本案中并未对其主张权利,故无必要参加本案诉讼,其权利义务应在联合体的相关协议范围内依法处理。

【法律依据】

《建设项目工程总承包合同(示范文本)》(GF—2020—0216)"通用合同条件"

1.1.2.4 联合体:是指经发包人同意由两个或两个以上法人或者其他组织组成的,作为承包人的临时机构。

4.6.1 经发包人同意,以联合体方式承包工程的,联合体各方应共同与发包人订立合同协议书。联合体各方应为履行合同向发包人承担连带责任。

《建筑法》

第二十七条第一款 大型建筑工程或者结构复杂的建筑工程,可以由两个以上的承包单位联合共同承包。共同承包的各方对承包合同的履行承担连带责任。

《房屋建筑和市政基础设施项目工程总承包管理办法》

第十条第二款 设计单位和施工单位组成联合体的,应当根据项目的特点和复杂程度,合理确定牵头单位,并在联合体协议中明确联合体成员单位的责任和权利。联合体各方应当共同与建设单位签订工程总承包合同,就工程总承包项目承担连带责任。

【律师解读】

在工程承包实践中,联合体承包是工程承包形式的一种。从民事合同关系来看，总承包单位的合同相对方不仅有对上的发包方，还有对下的各分包单位。从相关法律规定来看，联合体对发包方承担连带责任是有明确法律依据的。而联合体对下游的合同相对方是否承担连带责任目前是存在争议的。上述（2021）最高法民申 6087 号案中，法院认为联合体的任一成员为了案涉工程所签订合同的权利义务，理应由联合体全部成员共同享有及承担。该案说理比较牵强且并没有法律依据，联合体是与发包方签订总承包合同关系中的特定共同体，在总承包方与下游分包方签订的分包合同中，并无所谓的联合体存在。司法实践中也有坚持合同相对性原则的判例，如（2021）新 01 民终 4889 号案认为，联合体承包方对发包方应承担连带责任，但对承包方下游的分包方则不应承担连带责任。

19 分包中，承包人向分包人支付的是劳务费还是工程款？

【争议问题】

实践中，常常有这样的情况：承包人与劳务分包人签订《劳务分包合同》，在最终结算时，承包人主张双方为劳务分包关系，应向分包人支付劳务费；分包人则主张双方名为劳务分包关系，实为工程分包关系，承包人应支付工程款。

【裁判观点】

劳务分包与工程分包的区分要看承包范围是否包含机械租赁、材料采购和现场管理等事项，而不是仅仅依据合同的名称而定。

【典型案例】最高人民法院（2021）最高法民申 2535 号

在该案中，法院认为，根据查明的事实，西藏三建司与恒邦劳务公司均认可恒邦劳务公司先进场施工，后补签《分包合同》和补充协议，该合同和补充协议中均明确约定恒邦劳务公司承包的范围包括人工费、机械费、周转材料费、消耗材料费等费用，并约定由恒邦劳务公司自行采购图纸上的所有材料。而且，案涉工程项目部由恒邦劳务公司搭建，恒邦劳务公司实际进行施工管理、指派相关施工人员驻守工地，负责核实土石方台班费、联系材料商等，并完成了施工。西藏三建司与材料商补签《材料采购合同》和付款的行为，不能否定恒邦劳务公司实际完成案涉工程的事实。因此，原审判决认定恒邦劳务公司与西藏三建司之间形成的是案涉工程的承包合同关系，而非仅是劳务分包合同关系，并无不当。[①]

【法律依据】

《房屋建筑和市政基础设施工程施工分包管理办法》

第五条 房屋建筑和市政基础设施工程施工分包分为专业工程分包和劳务作业分包。

本办法所称专业工程分包，是指施工总承包企业（以下简称专业分包工程发包人）将其所承包工程中的专业工程发包给具有相应资质的其他建筑业企业（以下简称专业分包工程承包人）完成的活动。

本办法所称劳务作业分包，是指施工总承包企业或者专业承包企业（以下简称劳务作业发包人）将其承包工程中的劳务作业发包给劳务分包企业（以下简称劳务作业承包人）完成的活动。

……

《建筑法》

第二十九条 建筑工程总承包单位可以将承包工程中的部分工程发包给具有相应资质条件的分包单位；但是，除总承包合同中约定的分包外，必须经建设单位认可……

最高人民法院《关于审理建设工程施工合同纠纷案件适用法律问题的解释（一）》

第五条 具有劳务作业法定资质的承包人与总承包人、分包人签订的劳务分包合同，当事人请求确认无效的，人民法院依法不予支持。

【律师解读】

劳务分包指向的对象是专业工程中剥离出来的简单劳务作业，计取的是直接费中的人工费和一定的管理费，其对价属于法律上的"劳务报酬"。工程分包指向的对象是分部分项工程，计取的是直接费、间接费、税费和利润，其对价属于法律上的"工程款"。实践中，劳务分包与工程分包之争大量存在，原因是存在以劳务分包之名行工程分包之实的情况。承包人将部分工程交给他人施工并负有支付工程价款义务的，虽名为劳务分包，但应认定为工程分包。但也有劳务分包方为了行使

---

① 类似案例可参见北京市高级人民法院（2021）京民申 5813 号案、山东省高级人民法院（2021）鲁民申 5962 号案。

实际施工人的特权,而妄称为工程分包,故意造成混淆。建议当事人在承接或发包工程时,应从承包范围角度严格区分劳务分包与工程分包。需要关注的是,近几年,随着劳务分包制度的试点改革,劳务分包资质逐渐有取消之势,如山东省已取消劳务分包资质,改为劳务分包备案制。劳务分包资质不再是劳务分包合同有效的必备要件。

第五章 工程结算有关争议

在建设工程施工合同履行过程中，工程结算环节往往是发承包双方矛盾最尖锐、纠纷最集中的。工程结算争议广义上属于工程价款争议的范围。为什么在工程结算时双方会对工程价款发生重大的争执？一方面是因为结算是对整个工程最终的清结，具有终局性，经济意义和法律意义特殊；另一方面原因可能还是在于结算的依据、标准不够清楚明确，双方从各自利益立场出发去解释，因而不易达成一致意见。

1 发包人工作人员签字的结算单是否有效？

【争议问题】

工程竣工结算通常有一个很长的过程，在承包人向发包人提交自行制定的结算书后，发包人内部须经过多层审核程序，最终由发包人在结算书上加盖公章完成结算程序。但双方往往在结算过程中产生较大争议而无法达成一致。当纠纷诉至法院，若结算书仅有发包人部分工作人员签字，而没有发包人的公司盖章，该结算书是否可以作为双方结算依据？

【裁判观点1】

发包人项目管理人员的身份经其他证据佐证或无争议的，该发包人项目管理人员签字的效力及于发包人。

【典型案例】最高人民法院(2019)最高法民终1980号

在该案中，法院认为，结合在案证据，黄某河与黄某钢系案涉项目的管理人员，其签字确认三项损失费用的效力及于案涉项目发包方恒远公司。2013年4月23

日《图纸会审和设计交底记录》等证据中，案涉项目的项目部领导或项目部负责人处载有黄某河的签字且盖有恒远公司的印章，《乙供材料设备核价申报/审批表》等证据的项目经理表格处载有黄某河与黄某钢的签字，2014 年 1 月 5 日《会议纪要》项目总经理处载有黄某河的签字，项目总经理处载有黄某钢的签字。上述证据能够综合证明黄某河与黄某钢是代表恒远公司案涉项目部的管理人员，履行项目管理职责，黄某河与黄某钢的签字代表案涉项目发包方恒远公司。①

【裁判观点 2】

审核量汇总表仅有发包人预算员签字但未按约定加盖发包人公章的，不能视为发包人认可该签字结果。

【典型案例】最高人民法院(2021)最高法民终 739 号

在该案中，法院认为，由于风情园公司并非 2012 年 4 月 3 日《施工承包协议》的合同主体，《南通防水工程审核量汇总表》仅有风情园公司涉案工程项目工作人员仇某斌签字，并无按协议要求加盖的开发商公章，万佳公司亦未提供其他证据证明风情园公司有根据《南通防水工程审核量汇总表》进行结算的明确意思表示，不能仅因仇某斌签字就认定风情园公司有义务按《南通防水工程审核量汇总表》确定的金额支付工程款。

【裁判观点 3】

发包人的项目部人员已在结算单上签字认可，但发包人迟迟不予盖章确认，且庭审中无证据证明结算单错误的，可以认定双方实际完成结算。

【典型案例】山东省高级人民法院(2021)鲁民申 6528 号

在该案中，法院认为，虽然案涉《建设工程施工分包合同》约定“竣工结算必须根据结算规定及流程进行办理。结算书需经过项目经理、商务经理、项目总工及相关责任人进行会签，并经过双方签字盖章之后方可生效”，但双方并无结算书应由双方签字并且盖章的明确约定，原判决结合王某营项目部结算书中有申请人部门经理、商务总监、主管、结算审核人等多人签署审核意见，对于争议项也均有协商记录、会议纪要，双方签字确认等事实；杨某朋项目部结算书虽然没有申请人结算流程负责人的签字及单位盖章，但结算明细中的签证单均有申请人项目人员的签字

① 类似案例可参见广东省高级人民法院(2021)粤民申 7607 号案。

确认的事实；被申请人按结算总额14,506,087元向申请人开具了足额的增值税发票，并累计开具收据14,319,268.99元发票，申请人实际付款14,122,810.69元的事实，综合认定双方已实际完成了结算，对申请人未在结算书上盖章就视为没有结算的主张未予采信，认定事实、适用法律并无不当。①

【裁判观点4】

非发包人代表的甲方工作人员的签字不构成表见代理。

【典型案例】最高人民法院(2020)最高法民申6400号

在该案中，晶艺公司主张，欧阳某在多份结算文件上签字的行为构成表见代理。经查，晶艺公司提供的《工程结算书》中，欧阳某在《工程结算申请表》建设单位项目部意见栏签字；在《结算资料审核表》《结算资料交接清单》上，欧阳某在甲方经办工程师栏签字。而合同明确约定，“本工程的业主代表是孙某龙。在整个合同期内，除非本合同另有约定，业主代表(代表业主)应是业主唯一的合法代理人，并应受理与其有关的所有通知、指示、同意、批准、证书、决定等。”根据原《合同法》第49条的规定：“行为人没有代理权、超越代理权或者代理权终止后以被代理人名义订立合同，相对人有理由相信行为人有代理权的，该代理行为有效。”合同明确约定了双方认可的业主唯一合法代理人，晶艺公司对此应当明知，当该代理人离职需由他人代为履行职责时，橘韵公司应当出具授权委托材料，并重新得到双方的认可和确认，方能视为代理人的变更。欧阳某在相关结算文件上签字，并未出具橘韵公司的授权委托材料，晶艺公司对此亦当明知。晶艺公司无证据证明孙某龙之外的人员可代表橘韵公司在相关结算文件上签字，橘韵公司也不承认其对欧阳某进行过授权，二审判决认定欧阳某的签字不能视为双方对案涉合同约定的固定总价进行变更或对工程价款进行了结算，具有事实和法律依据。

【法律依据】

《民法典》

第一百七十条 执行法人或者非法人组织工作任务的人员，就其职权范围内的事项，以法人或者非法人组织的名义实施的民事法律行为，对法人或者非法人组织发生效力。

---

① 类似案例可参见山东省高级人民法院(2021)鲁民申7090号案。

法人或者非法人组织对执行其工作任务的人员职权范围的限制，不得对抗善意相对人。

第一百七十二条　行为人没有代理权、超越代理权或者代理权终止后，仍然实施代理行为，相对人有理由相信行为人有代理权的，代理行为有效。

【律师解读】

一般来讲，发包人未走完内部结算审核流程，未进行最终盖章确认，不能视为双方已经就结算结果达成一致。尤其是考虑到实践中承包人高估冒算、虚增结算的现象依然客观存在，结算单必须经发包人审核确认，否则不能作为工程款结算依据。但从相关案例看，有的法院会将发包人工作人员签字的结算单视为发包人认可的结算依据，有的法院则会持相反观点。认定的关键在于签字人员的身份、职位与其签字的内容是否相符，而不能一概而论发包人工作人员签字是否产生发包人认可的效力。

为了避免越权代理的行为发生，发包人应在合同中对发包人代表的权限作出明确约定，尤其要对发包人代表是否对签证、结算等重要经济和法律文件享有权利作出明确约定。在相对方明知发包人代表越权的情况下，行为人的签字将不产生表见代理的后果。

2　公司控股股东、实际控制人、执行董事代表公司签字的行为是否构成表见代理？

【争议问题】

在合同履行中，发承包双方签订协议时，有时候发包人的股东、实际控制人或执行董事等特殊身份的人员会代表发包人签字，该等签字是否构成表见代理？

【裁判观点】

发包人的控股股东或实际控制人签署的结算材料，对发包人具有约束力。

【典型案例】最高人民法院(2021)最高法民申4920号

在该案中，2015年9月19日，鹏华公司、华阳公司与华汇公司就案涉工程价款结算事宜，签订了《协议书》，确认装饰装修工程结算造价为2600万元。虽然华阳公司法定代表人刘某未在该《协议书》上签字确认，但是华阳公司的控股股东、实际控制人刘某骅代表华阳公司进行了签字。从案涉《建筑装饰工程施工合同》的签订、履行及《协议书》的签订过程看，鹏华公司知道刘某骅不仅是华汇公司的法定代表人，还是华阳公司的控股股东、实际控制人，有权代理华阳公司从事民事行为。即使华阳公司否认刘某骅代理公司在《协议书》上签字的行为，但是根据原《合同法》第49条“行为人没有代理权、超越代理权或者代理权终止后以被代理人名义订立合同，相对人有理由相信行为人有代理权的，该代理行为有效”之规定，刘某骅代理华阳公司签字行为的法律后果应由华阳公司承担。而且，《协议书》签订后，华阳公司按照约定，以一套商品房向鹏华公司抵顶了部分工程款，以实际行为履行了《协议书》约定的义务。因此，一审、二审判决认定《协议书》有效，并将其作为确认案涉工程结算价款的依据，并无不当。[①]

【法律依据】

《民法典》

第一百七十二条 行为人没有代理权、超越代理权或者代理权终止后，仍然实施代理行为，相对人有理由相信行为人有代理权的，代理行为有效。

【律师解读】

发包人的控股股东或实际控制人对公司具有控制权，其特定身份可以构成权利外观，其代表公司签字的行为依法构成表见代理，其签署的结算材料可作为结算依据。为了避免越权代理的行为，当事人双方应在合同中对各方代表的权限作出明确约定，如是否对签证、结算等重要经济和法律文件享有权利作出明确约定。在相对方明知越权的情况下，行为人的签字行为将不产生表见代理的后果。

3 总包结算值是否必然作为分包结算的依据?

【争议问题】

在分包合同结算过程中，一方可否主张以总包与发包人之间的结算结果作为结算依据?

① 类似案例可参见最高人民法院(2021)最高法民申3156号案、广东省高级人民法院(2020)粤民申8997号案。

【裁判观点】

总包结算值并不当然作为分包工程结算的依据。

【典型案例】最高人民法院(2021)最高法民申3456号

在该案中,法院认为,《结算汇总表》和《审核定案表》系昭巧公路建设管理处与重庆建工公司的工程施工合同结算资料,张某尧与重庆爆破公司签订的《工程承包协议》中并无关于总包合同与本案合同的关系的约定,亦无总工程结算方式与本案工程结算方式的关系的约定,故张某尧主张以《结算汇总表》和《审核定案表》来否定本案鉴定意见无合同依据。(2018)最高法民终494号案中,张某尧并非案件当事人,根据判决书内容可知该案当事人之间未签订书面合同、未进行最终结算,与本案中张某尧与重庆爆破公司签订了《工程承包协议》且进行了鉴定的情况并不相同,(2018)最高法民终494号民事判决书中对结算依据的认定对本案不具有参考意义。综上所述,二审法院未依据上述结算资料确定工程造价,未调取该两份证据的原件并无不当。张某尧于再审程序中再次提交《结算汇总表》和《审核定案表》,不属于再审新证据,亦无法推翻原审判决认定的事实。①

【法律依据】

《民法典》

第四百六十五条　依法成立的合同,受法律保护。

依法成立的合同,仅对当事人具有法律约束力,但是法律另有规定的除外。

【律师解读】

根据合同相对性原则,分包合同的结算只能依据分包合同的约定,总包合同的结算结果并不必然作为分包结算的依据。反之亦然,总包合同的结算也并不一定以分包工程的结算结果为依据。

4 实际施工人是否可以主张依据发包人与承包人的施工合同确定工程款?

【争议问题】

实际施工人结算工程价款时,应依据其与承包人之间的协议,还是依据承包人

---

① 类似案例可参见最高人民法院(2020)最高法民申746号案。

与发包人之间的协议进行结算？

【裁判观点】

即便实际施工人与承包人之间合同无效，实际施工人亦应依据该协议而不能依据其非为当事人的发包人与承包人的施工合同主张其应收取的工程款。

【典型案例】最高人民法院（2021）最高法民申 5701 号

在该案中，法院认为，根据本案事实，就案涉工程，双江城投公司与洪宇公司签订了《施工合同》，洪宇公司与邱某生签订了《内部承包合同》，邱某生、洪宇公司双江县 2011 年度保障性住房项目部与邓某明签订了《合作协议书》。根据合同相对性原则，上述各方应当依据各为当事人的合同主张相应合同项下权利，合同效力问题不影响该原则的适用。即便《合作协议书》无效，邓某明亦应依据该协议而不能依据其非为当事人的《施工合同》主张其应收取的工程款。原审判决依据《合作协议书》约定的固定包干价确定邓某明应收取的工程款，以及未予支持邓某明关于应按《施工合同》的审定价确定本案工程款的主张，有事实依据和法律依据，并无不当。邓某明以《合作协议书》无效以及洪宇公司、邱某生收取的管理费过高等为由主张应按《施工合同》的审定价确定本案工程款，缺乏法律依据，不能成立。①

【法律依据】

《民法典》

第四百六十五条 依法成立的合同，受法律保护。

依法成立的合同，仅对当事人具有法律约束力，但是法律另有规定的除外。

【律师解读】

合同相对性的内涵在于合同只在特定的当事人之间发生法律约束力，只有合同当事人才能基于合同向相对方提出请求，而不能向与其无合同关系的第三人提出合同上的请求，也不能擅自为第三人设定合同上的义务。即使合同无效，因无效产生的相关权利义务也应该限于合同当事人之间，不能突破合同的相对性。

---

① 类似案例可参见最高人民法院（2021）最高法民申 5875 号案。

5 结算协议中的“背靠背”付款约定是否有效?

【争议问题】

分包合同结算中,双方约定总包单位在收到业主支付的价款之后向分包单位付款,该约定是否有效?

【裁判观点】

结算协议中的“背靠背”付款条件有违公平原则的,法院不予支持。

【典型案例】最高人民法院(2021)最高法民申4924号

在该案中,法院认为,案涉工程项目在2015年6月30日已施工完毕。2018年7月6日,电建湖北分公司与十一冶公司对案涉工程价款,才达成《结算协议》,并关于剩余26,687,526.68元的工程价款(总工程价款为45,133,226.68元)约定:“结算款在下列条件全部满足后一个月内支付;十一冶公司将合同结算金额内剩余对开发票开齐交电建湖北分公司,且电建湖北分公司收到业主款项后支付。”该约定系附承包人支付工程款条件的条款。《结算协议》约定的电建湖北分公司支付工程款的条件之一,即在其收到业主款项1个月后支付。但是,电建湖北分公司何时收到“业主款项”存在诸多不确定性。鉴于十一冶公司工程已完工多年,电建湖北分公司仅支付了少部分工程款,而在发生法律效力的昌吉回族自治州中级人民法院(2019)新23民初17号民事判决中,已判令嘉润公司向电建湖北公司支付工程欠款并自2018年5月23日起计算利息,本案二审法院判决电建湖北公司自《结算协议》签订1个月后,即2018年8月6日承担欠付工程款利息,并未加重电建湖北公司支付工程款的利息负担,结果比较公平合理。电建湖北公司申请再审称《结算协议》中约定的付款条件有效,并以此拒绝承担给付工程欠款及利息的主张,理由不能成立。

【法律依据】

《民法典》

第一百五十八条　民事法律行为可以附条件,但是根据其性质不得附条件的除外。附生效条件的民事法律行为,自条件成就时生效。附解除条件的民事法律行为,自条件成就时失效。

第一百五十九条　附条件的民事法律行为,当事人为自己的利益不正当地阻止条件成就的，视为条件已经成就；不正当地促成条件成就的，视为条件不成就。

【律师解读】

司法实践中，分包合同约定的“背靠背”付款条款一般会认定有效。只有当付款义务人怠于主张其对上一手的债权时才会视为付款条件已成就，突破“背靠背”的约定。本案的特殊性在于当事人在结算协议中约定了“背靠背”的付款条件，且结算后付款方长时间未能付款，有违公平原则。

6 发包人对竣工结算文件逾期不答复是否视为其认可？

【争议问题】

发包人在收到承包人提交的结算文件后，未在约定时间内完成审核也未进行答复，是否可以视为其认可了承包人的结算文件？

【裁判观点1】

不能简单地以通用条款的约定推定双方已就“发包人对竣工结算文件逾期不答复即视为认可”的结算方式达成了合意。

【典型案例】最高人民法院(2021)最高法民终706号

在该案中，法院认为，南通二建上诉主张按照案涉《建设工程施工合同》通用条款第64.1条的约定及计价管理办法的规定，房开公司未在50天内审核其单方提交的竣工结算文件即视为房开公司对该文件予以认可，并应以此作为双方结算数额。经查，最高人民法院《关于如何理解和适用〈最高人民法院关于审理建设工程施工合同纠纷案件适用法律问题的解释〉第20条的请求的复函》指出：“适用该司法解释第二十条的前提条件是当事人之间约定了发包人收到竣工结算文件后，在约定期限内不予答复，则视为认可竣工结算文件。承包人提交的竣工结算文件可以作为工程款结算的依据。建设部制定的建设工程施工合同格式文本中的通用条款第33条第3款的规定，不能简单地推论出，双方当事人具有发包人收到竣工结算文件一定期限内不予答复，则视为认可承包人提交的竣工结算文件的一致意思表示，承包人提交的竣工结算文件不能作为工程款结算的依据。”本案中，南通二建提出前述上诉主张的合同依据为案涉《建设工程施工合同》格式文本中的通用条款。根据上述规定，人民法院不能简单地以该格式文本的约定推定双方已就如发包人对竣工结算文件逾期不答复即视为认可的结算方式达成了合意。据此，房开公司对南通二建提交的竣工结算文件未作出答复，不能视为其认可该结算文件。一审判决认定南通二建提交的竣工结算文件不能作为案涉工程款的结算依据并无不当。[①]

【裁判观点 2】

承包人报送结算报告，发包人未按约定在限定期限内完成审核的，应以承包人单方提交的结算报告作为结算依据。

【典型案例】山东省高级人民法院(2020)鲁民终 2714 号

在该案中，一审查明，合同第三部分专用条款约定：工程竣工验收合格后 1 个月内承包人应按规定编报一套工程结算书报给发包人，发包人按有关规定审查批准后，办理工程竣工结算。发包人应在接到承包人结算报告书后 6 个月内审核完毕，否则视同发包人认可承包人提供的结算报告。承包人不按时配合审计，发包人将 2 年内不予结算，责任承包费自负。从现有证据看，案涉施工合同约定中骏公司应在接到滕州公司结算报告书后 6 个月内审核完毕，否则视同认可滕州公司提交的结算报告，2018 年 12 月 25 日资料签收单显示中骏公司于 2018 年 12 月 25 日签收了滕州公司提交的工程结算书，但中骏公司未在 6 个月内审核完毕。故滕州公司关于案涉工程造价的主张具有合同依据和事实依据。虽然中骏公司提出了滕州公司不配合第三方审计的主张，但未提供有效证据证明。综合以上分析可见，一审判决认定应以滕州公司提交的结算报告为结算依据，并无不当。

【法律依据】

最高人民法院《关于审理建设工程施工合同纠纷案件适用法律问题的解释(一)》

第二十一条　当事人约定，发包人收到竣工结算文件后，在约定期限内不予答复，视为认可竣工结算文件的，按照约定处理。承包人请求按照竣工结算文件结算工程价款的，人民法院应予支持。

---

① 类似案例可参见最高人民法院(2021)最高法民申 2760 号案、广东省高级人民法院(2020)粤民终 3024 号案。

《建设工程施工合同(示范文本)》(GF—2017—0201)“通用合同条款”

14.2　竣工结算审核

(1)……发包人在收到承包人提交竣工结算申请书后28天内未完成审批且未提出异议的,视为发包人认可承包人提交的竣工结算申请单……

【律师解读】

依据目前通行的合同文本及司法解释,发包人对承包人单方提交的竣工结算文件负有限期审核并提出书面审核意见的重大义务。发包人怠于履行该义务,可能承担以承包人单方竣工结算文件作为结算依据的重大不利后果。但司法实践中,对“逾期答复视为认可”规则的适用有宽有严。从严适用的观点认为,适用此规则的前提是双方应在专用条款中约定“发包人对承包人报送的竣工结算文件在一定期限内不答复便视为认可”等明确的意思表示内容、结算时间、答复日期。不能仅凭通用条款中的规定直接得出“逾期答复视为认可”的结论。从宽适用的观点则仅依据通用条款的约定作出“逾期答复视为认可”认定。发包人在签订合同和履行合同时,应谨慎处理承包人单方提交的结算文件。

7 招标清单与图纸不全的合同能否按固定总价结算?

【争议问题】

实践中,发包人招标时往往图纸和清单不够准确。在此情形下,若发包人按照固定总价与承包人签订合同,双方在结算时,能否按照固定总价进行结算?

【裁判观点】

虽然招标文件约定以招标清单为基础总价包干,但招标时实际并无工程量清单及完整的施工图纸;因此,结算时不应按照固定总价方式,而应按照定额计价方式据实结算。

【典型案例】最高人民法院(2021)最高法民申1706号

在该案中,法院认为,关于二审判决对已完工工程以定额计价方式据实结算是否有误的问题。基于在案证据材料以及已经查明的事实,针对工程计价方式,案涉工程《招标文件》第四章“合同条款及格式”中第2条约定,“合同价款:本合同按中标价及招标清单全部完成量的总造价即人民币××××元,大写××××××××。

本工程按招标投标中工程量清单施工，前述总造价为总包干价”；而献林公司中标案涉工程后签订的《建设工程施工合同》并未约定“固定总价”。即便依据前述《招标文件》所述，所谓总包干价也是按中标价及招标清单全部完成量的总造价，工程按招投标中工程量清单施工，但献林公司中标时并无施工工程量清单及完整的施工图纸以明确具体施工范围，且献林公司亦未实际完成全部案涉工程，故献林公司主张以固定总价方式确定案涉工程造价缺乏相应的合同依据。二审判决基于本案实际情况，以定额计价方式据实结算，并据此认定案涉已完工工程造价，并无不当。

【法律依据】

《建筑工程施工发包与承包计价管理办法》

第十三条　发承包双方在确定合同价款时，应当考虑市场环境和生产要素价格变化对合同价款的影响。

实行工程量清单计价的建筑工程，鼓励发承包双方采用单价方式确定合同价款。

建设规模较小、技术难度较低、工期较短的建筑工程，发承包双方可以采用总价方式确定合同价款。

紧急抢险、救灾以及施工技术特别复杂的建筑工程，发承包双方可以采用成本加酬金方式确定合同价款。

《建设工程价款结算暂行办法》

第八条　发、承包人在签订合同时对于工程价款的约定，可选用下列一种约定方式：

（一）固定总价。合同工期较短且工程合同总价较低的工程，可以采用固定总价合同方式。

（二）固定单价。双方在合同中约定综合单价包含的风险范围和风险费用的计算方法，在约定的风险范围内综合单价不再调整。风险范围以外的综合单价调整方法，应当在合同中约定。

（三）可调价格。可调价格包括可调综合单价和措施费等，双方应在合同中约定综合单价和措施费的调整方法……

【律师解读】

固定总价合同原本适用于规模小、工期短、难度低、造价低、图纸明确的小工程。但实践中,发包人为了风险可控,大范围使用固定总价方式进行招标。但固定总价方式所谓的总价包死,是指总价对图纸或清单包死,如果招标时图纸和清单不全,在结算时发包人可能反而自食其果,无法按照固定总价进行结算,只能按照市场价结算。

8 当事人一方能否以结算书计算错误或受胁迫为由推翻结算书?

【争议问题】

实践中,在双方签订结算书之后,发包人有时又会以结算书计算错误或受胁迫等理由提出异议,要求重新鉴定。该主张能否得到法院支持?

【裁判观点】

当事人一方对结算书提出受胁迫、计算错误等事由欲否定结算,但未能举示充分证据予以证明,亦未依法在除斥期间内行使撤销权的,不能否定已确定的结算数额。

【典型案例】最高人民法院(2021)最高法民申3265号

在该案中,案涉工程施工、付款、结算等过程中,张某等三人提交了《工程结算书及付款计划》《工程预结算交接清单》。第一份结算明确载明"价格经双方同意认可为最终结算价格",第二份结算亦明确记载工程价款,同时两份文件均明确了付款期限与迟延履行的利息标准,渴望公司、泓建公司均加盖公章,应视为渴望公司、泓建公司及张某等三人对工程价款结算及给付均已达成合意。渴望公司在诉讼期间提出受胁迫、计算错误等事由欲否定结算,但未能举示充分证据予以证明,亦未依法在除斥期间内行使撤销权,不能否定已确定的结算数额,渴望公司应当按照约定承担给付工程款及利息的义务。原审法院对渴望公司提出的案涉工程造价鉴定申请不予准许,并无不当。①

【法律依据】

《民法典》

第一百四十七条 基于重大误解实施的民事法律行为,行为人有权请求人民

① 类似案例可参见山东省高级人民法院(2020)鲁民终1749号案。

法院或者仲裁机构予以撤销。

第一百五十条　一方或者第三人以胁迫手段，使对方在违背真实意思的情况下实施的民事法律行为，受胁迫方有权请求人民法院或者仲裁机构予以撤销。

第一百五十二条　有下列情形之一的，撤销权消灭：

（一）当事人自知道或者应当知道撤销事由之日起一年内、重大误解的当事人自知道或者应当知道撤销事由之日起九十日内没有行使撤销权；

（二）当事人受胁迫，自胁迫行为终止之日起一年内没有行使撤销权；

（三）当事人知道撤销事由后明确表示或者以自己的行为表明放弃撤销权。

当事人自民事法律行为发生之日起五年内没有行使撤销权的，撤销权消灭。

【律师解读】

结算协议是双方对工程总价的最终清结，结算结果是经过双方多轮审核、协商最终达成的，一旦达成，一般情况下很难被推翻。一方以计算错误、重大误解或上级机关审计意见不同为由要撤销该协议，必须要按照合同撤销的程序及时行使撤销权。撤销权的权利行使期限一般为 1 年，重大误解的情况下权利行使期间为 90 日。实践中难以看到成功撤销的案例。

9 合同中途解除的，如何认定原承包人已完工程造价？

【争议问题】

如果当事人工程施工中途解除合同，更换承包人，会产生一系列争议。其中主要的争议是原承包人已完工程量和工程造价的认定。如果双方没有共同确认，新承包人进场施工将导致新旧承包人的施工界面因工程隐蔽，无法准确认定。

【裁判观点】

发生承包人中途撤场的情况时，发承包双方均应互相配合对已完工程进行结算。因双方未能共同确认工程量，导致已完成工程量和工程造价无法查明的，法院根据发承包双方对此的过错程度确定各自应承担的不利后果。

【典型案例 1】北京市高级人民法院（2021）京民申 6665 号

在该案中，法院认为，在涉案工程建设过程中，远大公司、新京润公司配合不当等原因造成工程长时间处于停滞状态，2016 年 11 月底，双方即已洽商提前终止合同、经济索赔等事宜，现亦无证据证明此后远大公司有继续施工行为，故认定远大公司撤场时间为2016年年底。2017年4月6日，新京润公司曾向远大公司发出合同解除通知，对于解除通知载明的解除原因，远大公司不予认可。新京润公司在合同解除通知中亦告知远大公司于2017年4月10日上午与新京润公司进行施工界面确认、造价鉴定及质量鉴定沟通，远大公司未予配合。东方华太公司鉴定时，新京润公司已另行委托第三方进行了施工，东方华太公司已无法通过现场勘查核实远大公司已完成的施工内容。远大公司虽提供了2017年7月26日对涉案工程现场情况的公证材料，但新京润公司不予认可，且公证时点距新京润公司通知确认的时间已过去3个多月，法院难以据此认定公证材料显示的即为远大公司撤场时的施工完成情况。综上所述，因远大公司未能证明该争议部分8,186,930.14元对应的施工内容已由其实际完成，故远大公司要求将该部分金额计入工程价款的诉讼请求，法院不予支持。

【典型案例2】广东省高级人民法院(2021)粤民申5544号

在该案中，法院认为，双方当事人均无法举证证明中冶公司已完成的工程量及工程造价。在无法对涉案工程量及工程造价进行鉴定的情况下，根据《终止协议履行并办理工程移交及结算付款的通知书》《回复函》《关于核定工程量后再复工的通知》等证据，二审法院认定双方对涉案工程未能结算的过错程度相当，并酌定裕达公司、中冶公司各自对主张的结算款差额承担50%的责任，即中冶公司已完工的工程造价为5,394,673.94元，并无不当。

该案二审广东省东莞市中级人民法院(2020)粤19民终8249号民事判决对此问题说理更为详细：中冶公司作为施工方，有责任举证证明自己完成的工程量。中冶公司退场后，裕达公司接手工程进行复工，有能力提交证据以区分复工前后的工程量。为对中冶公司已完成工程量和工程造价进行鉴定，一审法院责令双方各自提交保存的施工材料，但双方均无法提供有效的施工材料证明中冶公司已完成的工程量。由于中冶公司退场后，案涉工程已经复工并施工完毕，案涉工程量及工程造价的鉴定基础已经不存在。在双方均无法举证证明中冶公司已完成的工程量及工程造价，且无法对此进行鉴定的情况下，二审法院对双方的过错程度进行审查，以确认双方的责任范围。从合同履行过程看，中冶公司负有办理交接手续、固定工程、协助结算等义务，却在案涉工程未经结算的情况下离场，而裕达公司则应在复工前与中冶公司确认已完工的工程量，办理交接手续，却擅自单方复工。《终止协议履行并办理工程移交及结算付款的通知书》《回复函》《关于核定工程量后再复工的通知》反映了双方就工程结算事宜进行了沟通，但双方均未进行结算。双方对于案涉工程未能结算的过错程度相当，原审法院酌定裕达公司和中冶公司主张的结算款差额，双方各承担50%的责任，即中冶公司已完工的工程造价为5,394,673.94元+(8,220,646.36元-5,394,673.94元)×50%=6,807,660.15元，并无不当，予以维持。

【法律依据】

《民法典》

第五百零九条　当事人应当按照约定全面履行自己的义务。

当事人应当遵循诚信原则，根据合同的性质、目的和交易习惯履行通知、协助、保密等义务。

……

第五百六十六条　合同解除后，尚未履行的，终止履行；已经履行的，根据履行情况和合同性质，当事人可以请求恢复原状或者采取其他补救措施，并有权请求赔偿损失。

合同因违约解除的，解除权人可以请求违约方承担违约责任，但是当事人另有约定的除外。

……

【律师解读】

合同解除承包人中途撤场，双方均有义务相互配合对已完成工程进行结算。一方违反该义务、拒不配合的，将承担由此产生的不利后果。

10 合同解除前原承包人已采购的材料价款应由谁承担？

【争议问题】

合同解除时，原承包人已采购的材料往往并未能全部用于施工，一部分材料保存在施工现场，另一部分材料在供货商处尚未发货。对该等已购材料如何处理，材料价款由哪一方承担？

【裁判观点】

承包人在撤场前对现场材料负有保管、清点和交接的义务,承包人未能履行该义务,导致现场材料数量无法确认的,由承包人承担不利后果。对于厂家库存的材料处理,按照发承包双方合同约定处理。

【典型案例】北京市高级人民法院(2021)京民申 6665 号

在该案中,法院认为,施工现场内材料价款为 3,667,043.81 元。依据合同约定,远大公司对现场材料负有照管责任,远大公司在撤场之时未办理交接,且在新京润公司通知其进行施工界面确认时亦未配合;仅凭 2017 年 7 月 26 日对涉案工程现场情况的公证材料不足以证明其所述材料的存在,即使现场存有材料,亦不足以证明该材料对应的价款应计入其应得的工程价款。故在新京润公司不予认可的情况下,对于远大公司要求将该部分金额计入工程价款的诉讼请求,法院不予支持。厂家已加工的库存材料价值 1,977,346.57 元。依据合同第 20 条关于合同解除的约定,本案情形下,已经订货的材料、设备由远大公司负责退货和解除订货合同并承担有关费用和损失。故远大公司主张将该部分金额计入工程价款,依据不足,法院不予支持。

【法律依据】

《民法典》

第五百六十六条 合同解除后,尚未履行的,终止履行;已经履行的,根据履行情况和合同性质,当事人可以请求恢复原状或者采取其他补救措施,并有权请求赔偿损失。

合同因违约解除的,解除权人可以请求违约方承担违约责任,但是当事人另有约定的除外。

……

【律师解读】

在签订施工合同时,双方应当重视对已采购材料的处理、保管作出约定。如约定由承包人保管,则承包人作为保管义务方同时具有材料交接义务,承包人须在撤场前与发包人进行交接,并与发包人签署书面确认文件或以其他方式确认,否则一旦产生争议,其将承担诉讼中的不利后果。

11 固定总价合同解除的，应按照什么方法结算？

【争议问题】

固定总价为全部工程的包死价格，双方中途解除合同而未全部施工完毕的，对已完工程如何结算价款？

【裁判观点】

固定价格合同解除时，如承包人未完成工程施工，对已完工部分工程价款的合理计算方式为：按统一的定额计算已完成工程占比再乘以合同约定的固定价格。

【典型案例1】最高人民法院（2021）最高法民申2306号

在该案中，法院认为，案涉鉴定意见书存在两种工程造价计算方式，第一种计价方式参考的是《建筑工程扩大劳务施工合同》第10条的约定，但该条款约定的65%、10%、25%系作为合同履行过程中工程款支付条款，且65%注明为“合同总价的65%”，并非指单价。第二种计价方式以分合同范围内及已完成范围内分别按定额计价（已扣除了合同约定甲方提供的相关材料和项目），最终按已完成范围占合同范围内比例再乘以合同约定单价算得已完成工程的单价。而本案施工工程并未完全竣工，相较而言，第二种计价方式更符合案涉合同约定及实际情况，故二审法院以鉴定意见书第二种计价方式确定本案工程造价并无不当。

【典型案例2】山东省高级人民法院（2020）鲁民申10804号

在该案中，法院认为，案涉建设工程合同约定在完成约定施工情况下工程价款采用固定单价方式计算。在曾某波未能完成整个案涉工程的情况下，对于其已经施工完成的工程价款合同没有约定，无法按约定单价来确定。通过鉴定方式确定工程价款，司法实践中大致有三种方法：一是以合同约定总价与全部工程预算总价的比值作为下浮比例，再以该比例乘以已完工程预算价格进行计价；二是以已完施工工期与全部应完施工工期的比值作为计价系数，再以该系数乘以合同约定总价进行计价；三是依据政府部门发布的定额进行计价。第一种计算方式也是实践中常用的方式。本案中原审法院综合考虑合同无效等实际情况，参照合同约定采纳第一种计算方式，对于已完工的价款与整个完工后工程价款均通过同一鉴定机构作出造价鉴定，计算曾某波施工部分占全部工程的比例，作为原合同的折扣系数（该比例乘以合同约定的全部工程总造价），得出曾某波已施工的工程造价，并无不当。

【法律依据】

北京市高级人民法院《关于审理建设工程施工合同纠纷案件若干疑难问题的解答》

13、固定总价合同履行中，承包人未完成工程施工的，工程价款如何确定？

建设工程施工合同约定工程价款实行固定总价结算，承包人未完成工程施工，其要求发包人支付工程款，经审查承包人已施工的工程质量合格的，可以采用“按比例折算”的方式，即由鉴定机构在相应同一取费标准下分别计算出已完工程部分的价款和整个合同约定工程的总价款，两者对比计算出相应系数，再用合同约定的固定价乘以该系数确定发包人应付的工程款。

当事人就已完工程的工程量存在争议的，应当根据双方在撤场交接时签订的会议纪要、交接记录以及监理材料、后续施工资料等文件予以确定；不能确定的，应根据工程撤场时未能办理交接及工程未能完工的原因等因素合理分配举证责任。

【律师解读】

固定总价合同中途解除时，目前主流的鉴定方法是“按比例折算”的方式，即由鉴定机构在相应同一取费标准下分别计算出已完工程部分的价款和整个合同约定工程的总价款，两者对比计算出相应系数，再用合同约定的固定总价乘以该系数确定发包人应付的工程款。

12 政府投资类工程应以结算协议还是行政审计作为结算依据？

【争议问题】

对于政府投资类工程，在发承包双方依据合同进行的结算程序之外，还存在发包人内部行政审计的程序。而前者形成的结算协议与后者形成的行政审计结果往往不一致，甚至存在较大差异。此时，应以行政审计结果作为结算依据，还是应以双方签署的结算协议作为结算依据？

【裁判观点1】

在合同没有特别约定的情况下，若发承包双方已经达成结算协议，不能因政府内部审计程序的规定否定双方已经完成的结算结果。

【典型案例】北京市高级人民法院（2021）京民再79号

在该案中，法院认为，首先，根据《施工合同》中的约定，不能以案涉项目系政府投资项目，就当然推定案涉项目涉及的各种政府内部审批手续自然成为合同的一部分。其次，《海淀区政府投资项目管理办法》第36条虽然规定决算投资数超概算金额在2000万元以上（含）的项目应由海淀区政府常务会审议，但并未规定未经审议通过的后果，更未规定未经审议通过《审核报告》就无效，因此《海淀区政府投资项目管理办法》不构成新兴建宇公司主张工程款权利的限制。根据全国人大常委会法制工作委员会法规备案审查室出具的法工备函22号复函的精神，即使"在合同中约定以审计结果作为竣工结算依据的规定"，都属于"限制了民事权利，超越了地方性权限"，应当予以"清理、纠正"，因此是否经海淀区常务会审核通过并不影响《审核报告》的效力。

【裁判观点2】

合同虽约定工程竣工结算须经审计机关审核，但并未明确约定以审计造价作为工程款结算依据的，审计结论不应作为结算依据。

【典型案例】浙江省高级人民法院（2019）浙民再372号

在该案中，法院认为，审计机关的审计系对工程建设单位的一种行政监督行为，审计人与被审计人之间因审计发生的法律关系与本案当事人之间的建设工程民事法律关系性质不同，因此，在民事合同中，当事人对接受行政审计作为确定民事法律关系依据的约定应当具体明确。而涉案《建设工程施工合同》虽约定工程竣工结算须经诸暨市审计局投资审计分局审核，但并未明确约定以审计造价作为工程款结算依据，故涉案审计结论并不能作为建设单位与施工单位工程结算的当然依据，对涉案工程的结算应当以双方当事人的约定为准。一审、二审法院判定审计造价即为本案工程造价，显属不当，应予纠正。

【法律依据】

最高人民法院《关于建设工程承包合同案件中双方当事人已确认的工程决算价款与审计部门审计的工程决算价款不一致时如何适用法律问题的电话答复意见》

审计是国家对建设单位的一种行政监督，不影响建设单位与承建单位的合同效力。建设工程承包合同案件应以当事人的约定作为法院判决的依据。只有在合同明确约定以审计结论作为结算依据或者合同约定不明确、合同约定无效的情况下,才能将审计结论作为判决的依据。

【律师解读】

政府投资工程的发包方尽管有一定特殊性,但建设单位与施工单位就工程签订的建设工程合同,依然是平等主体间的民事关系,应当适用《民法典》,遵循意思自治原则,依双方之间的合同约定确定工程结算依据。除非合同中明确约定"以发包人内部审计部门所作的审计结论作为结算依据",否则,若仅约定"竣工结算须经发包人审计",不能当然地推论出双方达成了以审计结论作为结算依据的意思。需要注意的是,即使有"以审计结论作为结算依据"的明确约定,在执行过程中,也应当保证承包人享有异议权等一系列程序权利。否则,法院仍可能启动鉴定程序作为结算依据。

13 行政审计长期未能完成,是否可以委托司法鉴定?

【争议问题】

发包人与承包人的施工合同明确约定,在发包人上级行政机关审计后支付工程价款,以审计结果作为结算价格。但涉案工程竣工后长期未能完成审计。承包人主张应视为付款条件已经成就,通过司法鉴定确定结算值;发包人主张应按照合同约定,等审计完成支付条件才成就,并应以行政机关审计结果作为结算依据。

【裁判观点 1】

合同约定审计结果作为结算依据,且在审计完成后支付价款的,应当严守合同约定。

【典型案例】北京市高级人民法院(2021)京民申 6196 号

在该案中,法院认为,三方签订的合同中明确约定了工程款的支付方式和支付条件,约定工程款支付至 90% 时停止支付,竣工结算价以北京市发展和改革委员会与北京市财政评审中心审计后的价格为准。审理时,案涉工程尚未经北京市发展和改革委员会与北京市财政评审中心审计,再审申请人起诉要求二被申请人给付剩余 10% 的工程价款依据不足,一审、二审法院判决驳回再审申请人上述诉讼请求的处理结果，并无明显不妥。再审申请人可待支付剩余10%工程价款的条件成就时，即案涉工程经北京市发展和改革委员会与北京市财政评审中心审计后另行解决。①

【裁判观点2】

合同约定以审计结果作为结算依据，但审计部门无正当理由长期未出具审计结论的，当事人可申请司法鉴定确定工程价款。

【典型案例】最高人民法院（2020）最高法民终630号

在该案中，法院认为，一般而言，当事人约定以审计部门的审计结果作为工程款结算依据的，应当按照约定处理。但审计部门无正当理由长期未出具审计结论，经当事人申请，且符合具备进行司法鉴定条件的，人民法院可以通过司法鉴定方式确定工程价款。本案中，郴投公司于2014年1月7日向郴州市审计局出具《关于郴州市苏仙湖、王仙湖项目竣工结算报送审计的函》，至黄某忠2017年提起本案诉讼，郴州市审计局始终未作出审计结论，原审法院根据黄某忠的申请，委托进行造价鉴定，并无不当。郴投公司主张合同已经约定以审计报告为结算依据，原审法院贸然启动司法鉴定违法，没有事实、法律依据，不予支持。

【法律依据】

《民法典》

第一百五十八条　民事法律行为可以附条件，但是根据其性质不得附条件的除外。附生效条件的民事法律行为，自条件成就时生效。附解除条件的民事法律行为，自条件成就时失效。

第一百五十九条　附条件的民事法律行为，当事人为自己的利益不正当地阻止条件成就的，视为条件已经成就；不正当地促成条件成就的，视为条件不成就。

山东高院《关于审理建设工程施工合同纠纷案件若干问题的解答》

3、政府投资和以政府投资为主的建设项目，合同约定以行政审计、财政评审作为工程款结算依据的，如何处理？

政府投资和以政府投资为主的建设项目，合同约定以行政审计、财政评审作为工程款结算依据的，按照约定处理；但发包人故意迟延提交审计或妨碍审计条件成

① 类似案例可参见北京市高级人民法院（2021）京民申4293号案。

就,以及行政审计、财政评审部门明确表示无法进行审计或无正当理由超出合同约定的审计期限三个月,仍未作出审计结论、评审意见的,当事人申请对工程造价进行司法鉴定,应当准许。

【律师解读】

民事法律关系遵循意思自治原则。建设工程施工合同中关于以审计结果作为工程款结算依据的约定具有优先适用性,在具备合法有效的审计结果的情况下,当事人提出司法鉴定申请的,法院一般不予准许。但如果存在久拖不审、久审未决或者无法审计的情况,法院应考虑案件实际情况,根据当事人的申请,通过鉴定方式确定工程价款,以解决工程款久拖不决的情况。上述(2021)京民申 6196 号案中,有一个重要的事实是:承包人承包的工程虽已竣工并交付使用近 10 年,但盲人学校作为一个整体工程,尚有部分工程未竣工。故发包人以及审计机关主张尚不具备整体竣工验收和报送审计的条件。该案中审计工作的拖延不是故意拖延,而是条件不具备,仍应以行政机关审计结果作为结算依据。

14 已完成的结算报告能否因一方事后异议而被推翻?

【争议问题】

在发承包双方已经达成结算报告之后,一方对结算的内容有异议,主张应重新进行结算审核,而另一方坚持应以原结算报告作为结算依据。此时,是否应当重新结算?

【裁判观点】

结算报告完成后,一方虽对报告有异议但未能提出有效的反证推翻的,不能否定结算报告的效力。

【典型案例】北京市高级人民法院(2021)京民再 79 号

在该案中,法院认为,圆明园管理处虽然对《审核报告》中存在的问题,尤其是对其附件《审核验证定案表》中确定的结算金额有异议,并曾向区审计局发函、向区政府报告,但在历次庭审中均未提出有效的反证。综上所述,再审法院对《审核报告》及其《审核验证定案表》均予以认定,认为上述材料可以作为计算案涉工程款的依据。

【法律依据】

《民法典》

第四百六十五条　依法成立的合同，受法律保护。

依法成立的合同，仅对当事人具有法律约束力……

最高人民法院《关于适用〈中华人民共和国民事诉讼法〉的解释》

第九十条第二款　在作出判决前，当事人未能提供证据或者证据不足以证明其事实主张的，由负有举证证明责任的当事人承担不利的后果。

山东省高级人民法院《关于审理建筑工程承包合同纠纷案件若干问题的意见》

31、发包方和承包方协商进行了工程结算，签订工程结算书的，原则上应以双方签字认可的工程结算书作为定案依据；诉讼中，当事人一方对工程结算书有异议而又不能提供充分证据请求法院予以鉴定的，原则上不予支持。

【律师解读】

发承包双方签订的结算协议本质上是一份合同，合同强调契约自由，应当尊重双方的意思自治。依法成立的结算协议对双方具有法律约束力，要想推翻结算协议的效力，只能通过合同无效或者可撤销等诉讼行为否认协议效力，并且提供相应证据予以证明。结算协议只要不存在法律规定的无效或者可撤销的情形，双方当事人都应当遵守，并且不得随意变更或者解除。

15 当事人对审计机关的审计结果有异议的，应如何处理？

【争议问题】

对于政府投资类工程，合同可明确约定以发包人所属的审计机关的审计结果作为结算依据。但承包人往往对审计结果有较大异议，审计机关对承包人的异议应如何处理？

【裁判观点】

针对承包人对审计报告的异议，审计机关作出详细、合理的说明，承包人未能提供证据推翻审计报告的，应以审计报告作为结算依据。

【典型案例】广东省高级人民法院（2021）粤民申5611号

在该案中，法院认为，根据铁汉生态公司申请再审的事由，本案审查重点为福田区审计局作出的《审计报告》应否采信的问题。发承包双方签订的《福田区园林绿化建设工程施工合同》明确约定以审计部门审定后的结算工程造价作为工程最终结算依据。虽然双方在向福田区审计局报送结算审计前也委托第三方对案涉工程造价进行结算审核，但福田区审计局对此进行了合理解释，认为第三方作为案涉工程的监理方，其地位是帮助福田城管局审核工程结算资料，而非客观独立地对项目进行工程造价审计。福田城管局在第三方出具工程造价结算审核报告书后，仍按约定向福田区审计局报送案涉工程结算审计，亦表明福田城管局并未同意变更以审计部门的审计结论作为结算依据的原合同约定。对于铁汉生态公司和二审法院发回重审裁定中对《审计报告》提出的意见，福田区审计局于 2019 年 4 月 29 日向一审法院的复函中均予以了详细、合理的说明，铁汉生态公司亦未能提供证据推翻上述《审计报告》和复函的内容，故一审、二审法院据此采信《审计报告》作为案涉工程结算依据，并无不当。铁汉生态公司主张应以第三方出具的工程造价结算审核报告书作为案涉工程的结算依据，与合同约定不符，亦缺乏法律依据。

【法律依据】

《2015 年全国民事审判工作会议纪要》

49. ……合同约定以审计机关出具的审计意见作为工程价款结算依据的，应当遵循当事人缔约本意，将合同约定的工程价款结算依据确定为真实有效的审计结论。承包人提供证据证明审计机关的审计意见具有不真实、不客观情形，人民法院可以准许当事人补充鉴定、重新质证或者补充质证等方法纠正审计意见存在的缺陷。上述方法不能解决的，应当准许当事人申请对工程造价进行鉴定。

最高人民法院《关于适用〈中华人民共和国民事诉讼法〉的解释》

第九十条第二款 在作出判决前，当事人未能提供证据或者证据不足以证明其事实主张的，由负有举证证明责任的当事人承担不利的后果。

【律师解读】

对于政府投资类工程，发包人通常都要求以所属审计机构的审计结果作为结算依据。这虽然会导致承包人在结算过程中比较被动，但其也并非完全丧失话语权。法院对审计机关的审计结果并非只做形式审查，而是做实质审查，对于承包人对审计结果的异议，法院要求审计机关作出充分详细的说明，这也是司法权对行政审计的监督。建设工程施工合同属于民事合同，以行政机关的单方审计作为民事主体重要权益的认定方式，本就是行政权对民事权益的干涉。为确保这种干涉是合理的，司法权应当对此进行监督。另外，承包人在审计过程中，享有提供材料、提出异议等程序性权利。审计机关有义务作出回复。现有案例显示，审计机关未能保证承包人异议权的，审计结果将有可能不被法院采纳。

正如上述案例一审法院所称“既然铁汉生态公司约定以福田区审计局审定的工程结算价格作为双方结算依据，那福田城管局在施工时就必须严格按照招标文件的要求进行施工，并按照审计程序要求保存好项目实施过程中形成的合同、发票、单证等，要做到抓铁留痕，踏石有印，要经得起审计局的依法审计”。

第六章 实际施工人争议

“实际施工人”是建设工程施工合同纠纷案件里一个特有的概念，虽然并没有法律或司法解释对“实际施工人”作出一个精准的定义，但是实践中大家已经普遍接受了实际施工人的身份。按照现在的通说，实际施工人，是指在挂靠、非法转包、违法分包等无效承包合同下，实际承担承包人职责完成工程施工任务的单位或个人。由实际施工人的特殊身份引发的争议是建设工程施工合同纠纷案件中一类重要争议。

1 挂靠人是实际施工人还是承包人的代理人？

【争议问题】

在施工领域，存在大量的挂靠情形，自然人挂靠具有资质的施工单位，以施工单位名义承揽工程。表面上，该自然人系施工单位的代理人，如项目经理、现场负责人等。当纠纷发生时，根据诉讼便宜之需，自然人有时以承包人代理人的身份参加诉讼，有时又自称实际施工人。而同一个主体在一个案件中，不能担任两个身份。在审理过程中，法院将如何认定该问题？

【裁判观点】

当事人就自己在施工关系中的身份，在不同案件中作出相反陈述，违反了禁止反言原则的，应承担不利后果。

【典型案例】北京市高级人民法院（2021）京民申 6674 号

在该案中，法院认为，陈某同与京能公司在（2013）海民初字第 14547 号民事案件中均明确主张案涉工程施工单位为京能公司；陈某同系京能公司执行经理，并非案涉工程实际施工人。在上述案件裁决生效后,陈某同主张其系案涉工程实际施工人且京能公司亦认可其主张,陈某同就上述自认事实,再行作出相反陈述,违反了禁止反言原则,应当就此承担不利后果。(2014)海民初字第21269号民事裁定书以陈某同就实际施工人的主张未提交充分有效证据予以证明而裁定驳回起诉。本案中,陈某同仍以己方为实际施工人的身份提起本案诉讼,陈某同在本案中的诉讼请求实质上否认了(2014)海民初字第21269号案件的裁判结果,构成重复起诉。①

【法律依据】

《民事诉讼法》

第十三条　民事诉讼应当遵循诚信原则。

当事人有权在法律规定的范围内处分自己的民事权利和诉讼权利。

最高人民法院《关于民事诉讼证据的若干规定》

第三条　在诉讼过程中,一方当事人陈述的于己不利的事实,或者对于己不利的事实明确表示承认的,另一方当事人无需举证证明。

在证据交换、询问、调查过程中,或者在起诉状、答辩状、代理词等书面材料中,当事人明确承认于己不利的事实的,适用前款规定。

【律师解读】

禁止反言原则,是指禁止当事人违反其先前已经作出的言行。在民事诉讼中,它是指民事诉讼的当事人在适当的场合对对方提出的不利于自己的事实或证据进行承认后,不得随意撤销或者主张与承认事实相反的事实。禁止反言原则是诚实信用原则在诉讼中的具体体现,其旨在排除当事人矛盾的行为,维护相对方的合理信赖利益,确保诉讼程序的安定。诚实信用原则是民事关系中的帝王原则,同样也是诉讼中的帝王原则。当事人通过诉讼程序寻求权利救济,应本着实事求是原则,在诉讼之前,厘清自己在法律上的准确身份,梳理出准确的法律关系和请求权依据;只有如此才能保证自身的合法权利获得法律的保护。一旦诉讼方案错误,其将彻底丧失再救济的权利。忠于事实、诚信诉讼才是维护自身合法权益的最优途径。

---

① 类似案例可参见最高人民法院(2021)最高法民申1860号案。

2 谁是真正的实际施工人?

【争议问题】

在自然人挂靠有资质的施工单位施工的情形下,由于承包合同上显示的承包人是公司,而实际组织施工的又是借用资质的自然人,此时,若双方都主张自己才是真正的施工方,对于谁是实际的施工人容易产生争议。法院对此如何认定?

【裁判观点】

判断实际施工人应从其是否签订转包、挂靠或者其他形式的合同承接工程施工,是否将施工工程的人工、机器设备、材料等投入物化为相应成本,并最终承担该成本等综合因素确定。

【典型案例】最高人民法院(2021)最高法民申1676号

在该案中,法院认为,判断是否为实际施工人应从其是否签订转包、挂靠或者其他形式的合同承接工程施工,是否将施工工程的人工、机器设备、材料等投入物化为相应成本,并最终承担该成本等综合因素确定。本案中,郑某文提交了《施工项目经营、管理责任承包合同》《项目安全生产目标责任书》及河南高速公司出具的情况说明来证实其为实际施工人。经审查,郑某文提交的证据仅能证明其与河南高速公司存在合同关系,但并不能证明其在签订合同后,就案涉工程自行组织施工、购买材料、发放工人工资等事实,其亦未提供证据证明与河南高速公司之间关于案涉工程款的资金往来情况。本案案涉工程的施工资料及工程签证中也未出现郑某文的姓名,故一审认定现有证据尚不足以证实郑某文系案涉工程的实际施工人,并无不当,予以维持。①

【法律依据】

最高人民法院《关于审理建设工程施工合同纠纷案件适用法律问题的解释(一)》

第四十三条 实际施工人以转包人、违法分包人为被告起诉的,人民法院应当依法受理。

---

① 类似案例可参见广东省高级人民法院(2020)粤民申9733号案,最高人民法院(2021)最高法民申1860号案、(2021)最高法民申1156号案。

实际施工人以发包人为被告主张权利的，人民法院应当追加转包人或者违法分包人为本案第三人，在查明发包人欠付转包人或者违法分包人建设工程价款的数额后，判决发包人在欠付建设工程价款范围内对实际施工人承担责任。

【律师解读】

实际施工人，是指建设工程的建设工程施工合同无效情形下实际完成建设工程施工，实际投入资金、材料和劳动力违法承包的单位和个人，具体包括违法的专业工程分包和劳务作业分包合同的承包人、转承包人、借用资质的承包人以及多次转分包的承包人。认定实际施工人一般从以下几方面审查：一是审查其是否参与合同签订，如是否直接以被挂靠人名义与发包人签订合同，是否为违法分包、转包合同签约主体；二是审查其是否存在组织管理、购买材料、租赁机具、支付水电费等实际施工行为；三是审查其是否享有施工支配权，如对项目部人、财、物的独立支配权，对工程结算、工程款是否直接支付给第三人（材料供应商、机具出租人、农民工等）的决定权等；四是审查其是否存在投资或收款行为；五是审查其与转包人、违法分包人或出借资质的建筑施工企业之间是否存在劳动关系。

3 实际施工人的债权是否可以转让？

【争议问题】

实际施工人所享有的工程款债权具有特殊性，可以在一定程度上突破合同相对性。那么实际施工人是否可以按照一般债权转让的方式将其工程款债权进行转让？

【裁判观点】

当事人可以受让实际施工人的债权而取得诉讼主体资格。

【典型案例】最高人民法院（2021）最高法民申 1020 号

在该案中，法院认为，建服中心作为发包人应当向承包人汉中公司支付工程款。段某为山河公司承包的案涉工程的实际施工人，依据最高人民法院《关于审理建设工程施工合同纠纷案件适用法律问题的解释》（已失效）第 26 条第 2 款的规定，其有权在发包人建服中心欠付山河公司的工程款范围内请求建服中心向其支付工程款。嘉鸿公司基于从段某、汉中公司受让案涉工程款债权取得本案诉讼主体资格，原判决认定嘉鸿公司是本案的适格主体，适用法律并无不当。建服中心关于嘉鸿公司不具有本案诉讼主体资格的再审申请事由不能成立，法院不予支持。

【法律依据】

《民法典》

第五百四十五条 债权人可以将债权的全部或者部分转让给第三人，但是有下列情形之一的除外：

（一）根据债权性质不得转让；

（二）按照当事人约定不得转让；

（三）依照法律规定不得转让。

当事人约定非金钱债权不得转让的，不得对抗善意第三人。当事人约定金钱债权不得转让的，不得对抗第三人。

【律师解读】

司法实践中，实际施工人的债权并不属于法律规定的不得转让的特殊债权，依然可以按照一般债权相关规定进行转让。债权受让人受让债权后，享有同实际施工人相同的地位，如可以突破合同相对性向发包人主张工程款债权。

4 如何区分真内部承包与假内部承包？

【争议问题】

在施工领域中存在一种内部承包经营的方式，即工程承包人就其承包的全部或部分工程与其下属分支机构或者职工签订工程内部承包合同，进行内部的二次承包。因该种经营方式中，承包人对工程施工过程及质量等进行管理，对外承担施工合同的权利义务，法律和行政法规对此并不禁止。但实践中，更多地存在以内部承包之名行挂靠或转包之实的假内部承包。实践中该怎样区分真假内部承包关系？

【裁判观点】

区分真内部承包与假内部承包（转包或挂靠）的关键在于，双方是否存在劳动合同关系，单位是否承担投资、管理等责任。

【典型案例】最高人民法院（2021）最高法民申 6504 号

在该案中，法院认为，关于双方是否属于建设工程挂靠关系的问题，中兴公司未提供劳动合同、缴纳社保证明等能够证明与严某华存在劳动合同关系的证据。且严某华个人无工程施工资质，其与中兴公司签订的《内部承包施工合同》《承包协议》明确约定中兴公司只收取固定管理费，严某华承担工程所需的人工、材料采购、机械、管理费等，并承担一切风险，中兴公司实际不参与案涉工程的施工以及管理。从《内部承包施工合同》《承包协议》约定及履行情况看，严某华不是中兴公司职工，《内部承包施工合同》《承包协议》不具有企业内部承包经营性质，背后的法律关系是严某华借用中兴公司资质的挂靠行为。

【法律依据】

《建筑工程施工发包与承包违法行为认定查处管理办法》

第八条 存在下列情形之一的，应当认定为转包，但有证据证明属于挂靠或者其他违法行为的除外：

……

（六）承包单位通过采取合作、联营、个人承包等形式或名义，直接或变相将其承包的全部工程转给其他单位或个人施工的；

……

【律师解读】

内部承包合同认定标准包括以下几个方面：一是内部承包的双方为企业和企业内部人员，在建筑企业中一般是建筑企业和与之建立劳动关系的项目经理（要求有劳动合同、工资以及社会保险）；二是建筑企业对内部承包人给予资金、技术、设备、人力等方面的支持和管理；三是建筑企业对外承担相应责任。而关于内部承包合同的效力问题，该模式属建筑施工企业的一种内部经营方式，法律和行政法规对此并不禁止。建筑企业若采用内部承包模式，应当注意规范操作，避免被认定为挂靠或转包。

5 如何区分挂靠与转包？

【争议问题】

挂靠和转包从外在形式上看，都是与发包方签订承包合同的承包人不实际履行承包合同约定的承包内容，而是全部由第三方完成施工。对于挂靠和转包最根本和最简单的区分方法是什么？

【裁判观点】

挂靠与转包的区分关键在于实际施工人是否参与了招投标以及合同订立等缔约磋商阶段的活动。

【典型案例】最高人民法院(2021)最高法民申6481号

在该案中,法院认为,根据原审查明的事实,在鑫源公司参与案涉工程招投标过程中,单某本以鑫源公司名义交纳投标保证金并参与了投标全过程,且在中标后以鑫源公司委托代理人的身份在《建设工程施工合同》上签字。次日,单某本与鑫源公司签订了《工程施工协议书》,约定鑫源公司将该公司在《建设工程施工合同》中的义务交由单某本履行,单某本承担工程实际施工内容、全部项目管理工作及所需费用,并向鑫源公司交纳管理费。因此,单某本系借用鑫源公司的资质承包案涉工程,其与鑫源公司之间为挂靠关系。

【法律依据】

《建筑工程施工发包与承包违法行为认定查处管理办法》

第七条 本办法所称转包,是指承包单位承包工程后,不履行合同约定的责任和义务,将其承包的全部工程或者将其承包的全部工程肢解后以分包的名义分别转给其他单位或个人施工的行为。

第九条 本办法所称挂靠,是指单位或个人以其他有资质的施工单位的名义承揽工程的行为。

前款所称承揽工程,包括参与投标、订立合同、办理有关施工手续、从事施工等活动。

【律师解读】

挂靠和转包均属于违法行为,会导致合同无效。转包法律关系下,发包人与承包人签订的承包合同是有效的,只是承包人与转承包人签订的转包合同无效,发包人仍可以依据有效的承包合同向承包人主张违约责任。发包人也可能面临被转承包人(实际施工人)突破合同相对性要求其在欠付工程款范围内承担责任的风险。挂靠关系下,挂靠人以被挂靠人的名义与发包人签订的承包合同会被认定为无效,发包人无法依据无效的合同追究被挂靠人的违约责任。挂靠人也不能突破合同相对性直接向发包人主张工程款。另外,转包和挂靠对承包人/被挂靠人以及实际施工人/挂靠人产生的法律后果也是不完全一样的。

6 劳务分包下的劳务承包人是不是实际施工人？

【争议问题】

劳务分包关系下，劳务承包人是否属于实际施工人，享有实际施工人的特殊权利？

【裁判观点】

劳务分包合同下的劳务承包人不是实际施工人，无权向发包人主张权利。

【典型案例】山东省高级人民法院(2021)鲁民申5864号

在该案中，法院认为，申请人具有劳务分包资质。原审认定天府十分公司与申请人之间签订的劳务工程分包合同合法有效。申请人以被申请人是涉案工程的发包方为由主张被申请人在未给付工程款的范围内承担连带责任，突破了合同的相对性，缺乏法律依据。①

【法律依据】

最高人民法院《关于审理建设工程施工合同纠纷案件适用法律问题的解释(一)》

第四十三条　实际施工人以转包人、违法分包人为被告起诉的，人民法院应当依法受理。

实际施工人以发包人为被告主张权利的，人民法院应当追加转包人或者违法分包人为本案第三人，在查明发包人欠付转包人或者违法分包人建设工程价款的数额后，判决发包人在欠付建设工程价款范围内对实际施工人承担责任。

【律师解读】

劳务承包人与实际施工人的区别主要表现为：一是劳务分包合同属于合法有效的合同，应严守合同相对性原则，而实际施工人无有效的分包合同作为行为依据，此为最本质的区别；二是劳务承包人仅提供劳务，而实际施工人实际上是工程承包者，不仅提供了劳务，还提供了材料、管理等施工行为。因此，劳务承包人不属于实际施工人的范围。

---

① 类似案例可参见山东省高级人民法院(2021)鲁民申6167号案。

7 借用资质的实际施工人能否向发包人主张权利？

【争议问题】

借用资质承揽工程并进行施工的实际施工人，是否有权直接向发包人主张工程款？

【裁判观点1】

在发包人不认可挂靠关系的情形下，借用资质的实际施工人不得突破合同相对性要求发包人在欠付工程款范围内承担责任。

【典型案例】最高人民法院（2021）最高法民申3259号

在该案中，法院认为，最高人民法院《关于审理建设工程施工合同纠纷案件适用法律问题的解释（二）》（已失效）第24条规定："实际施工人以发包人为被告主张权利的，人民法院应当追加转包人或者违法分包人为本案第三人，在查明发包人欠付转包人或者违法分包人建设工程价款的数额后，判决发包人在欠付建设工程价款范围内对实际施工人承担责任。"故该条规定适用于建设工程转包和违法分包情形。本案徐某波主张其系挂靠在丹东二建公司名下的实际施工人，其与中石油丹东分公司形成事实上的法律关系。但徐某波原审提交的证据不能证明其与中石油丹东分公司形成事实上的法律关系，且中石油丹东分公司、吉林石化公司均不认可徐某波实际施工人的身份，故徐某波无权直接向发包人中石油丹东分公司主张权利。①

【裁判观点2】

发包人对挂靠资质承包明知的，发包人与挂靠人形成事实上的建设工程施工合同关系，实际施工人有权直接向发包人主张工程款。

【典型案例】最高人民法院（2021）最高法民申2114号

在该案中，法院认为，恒安信公司与杨某国之间构成挂靠的法律关系。首先，恒安信公司与杨某国签订的《资质挂靠协议》约定，杨某国挂靠恒安信公司资质，承建案涉工程，明确该工程附属部分除外，其他工程由杨某国与金泰隆公司协商沟

---

① 类似案例可参见广东省高级人民法院（2020）粤民申11433号案、江苏省高级人民法院（2020）苏民申3051号案、北京市高级人民法院（2021）京民申4424号案。

通。以上约定内容表明双方具有出借资质、挂靠施工的合意。其次,在挂靠协议签订前,杨某国作为恒安信公司的委托代理人在 2014 年 3 月 6 日的《建设工程施工安装合同书》上签字。但恒安信公司并未实际承担案涉工程的施工义务,实际施工人系杨某国。且金泰隆公司直接或通过恒安信公司向杨某国支付部分工程款,故履行建设工程施工安装合同的主体实际为金泰隆公司和杨某国。最后,在一审法院审理过程中,金泰隆公司以及恒安信公司均认可杨某国系挂靠恒安信公司进行施工。据此,可以认定恒安信公司与杨某国之间构成挂靠法律关系,金泰隆公司关于恒安信公司与杨某国之间构成转包合同关系的申请再审主张不能成立,金泰隆公司要求恒安信公司承担支付工程款的责任缺乏事实与法律依据。杨某国作为案涉工程的实际施工人与发包人金泰隆公司在订立和履行施工合同的过程中,形成事实上的法律关系,故金泰隆公司应当承担支付杨某国欠付工程款的责任。因恒安信公司与杨某国之间系挂靠关系,而非转包关系,故金泰隆公司不能依据最高人民法院《关于审理建设工程施工合同纠纷案件适用法律问题的解释》(已失效)第 26 条第 2 款之规定,要求恒安信公司承担支付工程款的责任,对金泰隆公司该项申请再审理由,不予支持。①

【裁判观点 3】

发包人应当知道挂靠资质的实际施工人存在,且案涉工程已经实际竣工验收,实际施工人有权要求发包人在欠付承包人工程款范围内承担责任。

【典型案例】最高人民法院(2021)最高法民申 3528 号

在该案中,法院认为,重庆六建在案涉工程中标前已经和许某军签订《项目施工管理目标考核风险责任书》,对案涉工程施工相关情况进行了约定。且重庆六建和嘉铭公司签订《建设工程施工承包合同》后,许某军实际履行了重庆六建和嘉铭公司的合同内容。在投标文件、《建设工程施工承包合同》均是嘉铭公司和重庆六建签订的情况下,应认定许某军和嘉铭公司之间并无建立合同关系的意思表示,嘉铭公司的合同相对方应为重庆六建。但 2016 年 3 月 22 日同意抵扣河沙工程款的《定金》单据、8 份房屋抵扣工程款协议等证据表明,案涉工程施工过程中,许某军存在越过重庆六建,直接以自身名义和发包人嘉铭公司进行对接的情况,结合案涉

---

① 类似案例可参见最高人民法院(2020)最高法民申 951 号案、浙江省高级人民法院(2020)浙民再 339 号案。

项目系由许某军自主经营、自负盈亏、自主进行项目成本管理的事实，二审法院认定许某军作为借用资质的实际施工人并无不当，且嘉铭公司应当知道许某军为实际施工人。最高人民法院《关于审理建设工程施工合同纠纷案件适用法律问题的解释(二)》(已失效)第24条规定："实际施工人以发包人为被告主张权利的，人民法院应当追加转包人或者违法分包人为本案第三人，在查明发包人欠付转包人或者违法分包人建设工程价款的数额后，判决发包人在欠付建设工程价款范围内对实际施工人承担责任。"对于该规定能否直接适用于借用资质的实际施工人，应当根据案件具体情况而定。本案嘉铭公司应当知道许某军为实际施工人且案涉工程已经实际竣工验收，二审法院认为许某军有权要求嘉铭公司在欠付重庆六建工程款范围内承担责任，并无不当。①

【司法意见】

"《建工解释一》第四十三条规定：'实际施工人以转包人、违法分包人为被告起诉的，人民法院应当依法受理。实际施工人以发包人为被告主张权利的，人民法院应当追加转包人或者违法分包人为本案第三人，在查明发包人欠付转包人或者违法分包人建设工程价款的数额后，判决发包人在欠付建设工程价款范围内对实际施工人承担责任。'本条解释涉及三方当事人两个法律关系：一是发包人与承包人之间的建设工程施工合同关系；二是承包人与实际施工人之间的转包或者违法分包关系。原则上，当事人应当依据各自的法律关系，请求各自的债务人承担责任。本条解释为保护农民工等建筑工人的利益，突破合同相对性原则，允许实际施工人请求发包人在欠付工程款范围内承担责任。对该条解释的适用应当从严把握。该条解释只规范转包和违法分包两种关系，未规定借用资质的实际施工人以及多层转包和违法分包关系中的实际施工人有权请求发包人在欠付工程款范围内承担责任。因此，可以依据《建工解释一》第四十三条的规定突破合同相对性原则请求发包人在欠付工程款范围内承担责任的实际施工人不包括借用资质及多层转包和违法分包关系中的实际施工人。"

"没有资质的实际施工人借用有资质的建筑施工企业名义与发包人签订建设工程施工合同，在发包人知道或者应当知道系借用资质的实际施工人进行施工的

---

① 类似案例可参见最高人民法院(2021)最高法民申2686号案。

情况下,发包人与借用资质的实际施工人之间形成事实上的建设工程施工合同关系。该建设工程施工合同因违反法律的强制性规定而无效。《中华人民共和国民法典》第七百九十三条第一款规定:'建设工程施工合同无效,但是建设工程经验收合格的,可以参照合同关于工程价款的约定折价补偿承包人。'因此,在借用资质的实际施工人与发包人之间形成事实上的建设工程施工合同关系且建设工程经验收合格的情况下,借用资质的实际施工人有权请求发包人参照合同关于工程价款的约定折价补偿。"①

【律师解读】

最高人民法院民一庭上述法官会议纪要明确了两点实践中已经形成主流的意见:(1)借用资质的实际施工人不能依据最高人民法院《关于审理建设工程施工合同纠纷案件适用法律问题的解释(一)》第43条请求发包人承担补充责任;(2)发包人对借用资质事实明知的,发包人与挂靠人形成事实上的建设工程施工合同关系,工程验收合格的,挂靠人可以请求发包人参照合同约定折价补偿。

8　被挂靠人是否有权向发包人主张工程款?

【争议问题】

承包人挂靠施工的情形下,被挂靠人是否有权向发包人主张工程款?

【裁判观点】

发包人明知存在挂靠关系的情形下,被挂靠人无权依据合同向发包人主张工程价款。

【典型案例】最高人民法院(2020)最高法民终1269号

在该案中,法院认为,南通四建公司虽然与岚世纪公司签订《建设工程施工合同》及《补充协议》,但实际是将其施工资质出借给黄某荣用于案涉工程的施工,南通四建公司并无签订、履行合同的真实意思表示;黄某荣借用南通四建公司的资质承揽案涉工程,是案涉工程的实际施工人。因此,原审依据最高人民法院《关于审理建设工程施工合同纠纷案件适用法律问题的解释》(已失效)第2条"建设工程

---

① 最高人民法院民一庭2021年第20次专业法官会议纪要。

施工合同无效,但建设工程经竣工验收合格,承包人请求参照合同约定支付工程价款的,应予支持”的规定,准许黄某荣以自己的名义向岚世纪公司主张相应施工价款并无不当。本案黄某荣与岚世纪公司已于2016年8月27日签订工程结算确认书,对工程施工范围,结算依据,工程造价,岚世纪公司的已付款数额、欠付工程款数额等进行确认。在本案二审庭审中,岚世纪公司与黄某荣对原审认定的欠付工程款金额也均予以认可。因南通四建公司并非施工主体,其虽对岚世纪公司支付情况提出异议,但未提供证据证明黄某荣与岚世纪公司之间就工程款结算的确认系虚假的意思表示,故原审认定岚世纪公司欠付黄某荣工程款数额为959,477.84元并无不当,予以维持。

【法律依据】

《民法典》

第一百四十六条 行为人与相对人以虚假的意思表示实施的民事法律行为无效。

以虚假的意思表示隐藏的民事法律行为的效力,依照有关法律规定处理。

【律师解读】

发包人明知挂靠关系存在的,视为发包人与挂靠人之间形成合同关系。被挂靠人与发包人之间不成立合同关系,因而不能向发包人主张权利。

9 发包人是否欠付工程款的举证责任如何分配?

【争议问题】

依据司法解释的规定,发包人在欠付工程款范围内对实际施工人承担责任。发包人是否欠付承包人工程款的事实应由哪一方举证?

【裁判观点】

实际施工人起诉发包人主张工程款的,发包人应举证证明已向总承包人支付的工程款数额。

【典型案例】江苏省高级人民法院(2019)苏民再136号

在该案中,法院认为,根据法律规定,实际施工人起诉发包人主张工程款的,发包人应举证证明已向总承包人支付的工程款数额。发包人未能举证已付工程款数额的,应当与承包人对工程欠款承担连带责任。本案审理中,安徽建工集团和明发集团虽然陈述双方已结清工程款,但双方工程已完工多年,明发集团未能提供证据证明双方工程款的总额以及进行结算的相关证据,二审法院据此认定明发集团与安徽建工集团并未进行最终结算,明发集团应对安徽建工集团的上述款项承担未付款的连带责任。

【法律依据】

最高人民法院《关于审理建设工程施工合同纠纷案件适用法律问题的解释(一)》

第四十三条 实际施工人以转包人、违法分包人为被告起诉的,人民法院应当依法受理。

实际施工人以发包人为被告主张权利的,人民法院应当追加转包人或者违法分包人为本案第三人,在查明发包人欠付转包人或者违法分包人建设工程价款的数额后,判决发包人在欠付建设工程价款范围内对实际施工人承担责任。

【律师解读】

依据上述司法解释第43条的规定,在此类案件中,发包人对向承包人付款情况和结算情况的事实负有举证责任。在发包人的举证能够初步证明其不欠付工程款,而实际施工人未能提供反证的情况下,发包人不对实际施工人承担责任。

10 发包人在诉讼过程中向承包人付款的,是否免除其对实际施工人的责任?

【争议问题】

实际施工人起诉发包人,要求其在欠付承包人工程款范围内支付工程价款;发包人在诉讼阶段自行向承包人支付了工程款的,是否可以免除其向实际施工人的支付义务?

【裁判观点1】

在实际施工人未对发包人对承包人的到期债权进行保全的情形下,发包人在诉讼过程中自行或因协助法院执行向承包人付清欠款的,发包人不再对实际施工人的请求承担责任。

【典型案例1】广东省高级人民法院(2020)粤民申12255号

在该案中,法院认为,本案一审审理期间,塘兴公司尚有6,045,312.28元工程款未支付给电白公司,塘兴公司在二审期间提交证据证明其于2019年12月4日向电白公司支付了剩余工程款6,045,312.28元。塘兴公司在向电白公司支付剩余工程款后,已不存在欠付工程款的事实,朱某胜主张塘兴公司应对电白公司欠付的工程款承担责任缺乏依据,二审判决不予支持并无不当。至于一审法院作出的(2019)粤0222民初624—1号民事裁定,系冻结塘兴公司名下账户资金1,410,000元,并非要求塘兴公司停止支付工程款,塘兴公司根据其与电白公司签订的合同对剩余工程款进行核算,并使用被冻结的1,410,000元以外的款项进行支付,并未违反法律规定。朱某胜主张塘兴公司、电白公司、丁某华之间存在恶意串通以达到拒不支付工程款的目的,没有提交证据证明,再审法院不予采纳。

【典型案例2】山东省高级人民法院(2021)鲁民终391号

在该案中,法院认为,本案争议焦点之一是冉某权主张海滨公司在23,921,669.33元欠付工程款范围内向其承担付款责任,是否具有事实及法律依据。根据最高人民法院《关于审理建设工程施工合同纠纷案件适用法律问题的解释(二)》(已失效)第24条的规定,海滨公司应在欠付中地公司工程款范围内对冉某权承担付款责任。对于该欠付工程款数额的确定问题,冉某权一审提交了(2019)鲁民终2719号民事判决书,据此主张海滨公司欠付中地公司工程款23,921,669.33元。但根据海滨公司一审提交的民事裁定书、执行裁定书、协助执行通知书等证据,烟台市莱山区人民法院、烟台市芝罘区人民法院于2020年3月2日至4月2日,扣留、提取中地公司对海滨公司享有的涉案工程款债权12,189,219元;二审期间,海滨公司又提交了四份中国工商银行账户交易凭证,进一步证实上述法院已强制执行中地公司对海滨公司享有的12,189,219元债权的事实,故一审法院将该12,189,219元从海滨公司欠付中地公司工程款23,921,669.33元中予以扣除,判决海滨公司在欠付中地公司工程款11,732,450.33元(23,921,669.33元-12,189,219元)范围内对冉某权承担付款责任,并无不当。海滨公司以冉某权未举证证实上述法院已实际扣留提取中地公司对海滨公司享有的债权、上述扣划行为与本案无关等为由,主张海滨公司仍应在23,921,669.33元欠付工程款范围内向其承担付款责任,缺乏事实及法律依据,不予支持。

【裁判观点2】

实际施工人起诉发包人支付工程款的诉讼期间，发包人擅自向承包人付款的，不能免除发包人对实际施工人的责任。

【典型案例】浙江省高级人民法院(2019)浙民申3894号

在该案中，法院认为，最高人民法院《关于审理建设工程施工合同纠纷案件适用法律问题的解释》(已失效)专门规定实际施工人可突破合同相对性、直接向发包人主张权利，是基于实际施工人为案涉工程组织劳务、付出劳动而作出的特殊保护。实际施工人以发包人、总包人为被告提起欠付工程款诉讼后，讼争工程款已进入争议状态、有待司法裁决。在法院依法作出生效裁判前，金源置业可以继续向总包人支付工程款，但应将讼争数额部分予以保留，这既是尊重诉讼程序的应有之义，也是公司法人理应负有的审慎义务。然而，金源置业无视本案诉讼，在诉讼进行期间，擅自与从未在本案中应诉的耀达建设、周某良等另行达成协议，通过以房抵债等方式将欠付工程款直接向案外人全部清偿。原判决认定金源置业上述行为显属不当，正确。综上所述，原判决认为金源置业对王某山支付款项的行为，不足以对抗付某平主张工程款的权利，并无不当。

【法律依据】

最高人民法院《关于人民法院执行工作若干问题的规定(试行)》

45. 被执行人不能清偿债务，但对本案以外的第三人享有到期债权的，人民法院可以依申请执行人或被执行人的申请，向第三人发出履行到期债务的通知(以下简称履行通知)。履行通知必须直接送达第三人……

最高人民法院《关于审理建设工程施工合同纠纷案件适用法律问题的解释(一)》

第四十三条　实际施工人以转包人、违法分包人为被告起诉的，人民法院应当依法受理。

实际施工人以发包人为被告主张权利的，人民法院应当追加转包人或者违法分包人为本案第三人，在查明发包人欠付转包人或者违法分包人建设工程价款的数额后，判决发包人在欠付建设工程价款范围内对实际施工人承担责任。

【律师解读】

实际施工人诉请发包人承担付款责任的，应申请法院采取财产保全措施，避免在诉讼过程中发包人的责任债权减少。上述(2020)粤民申12255号案中,实际施工人采取财产保全时,代理人犯了一个技术性错误,没有对承包人对发包人的债权进行保全。因此,发包人在诉讼中的付款并未违反财产保全的相关法律规定。若实际施工人已经对此作出保全,则发包人的支付行为是违法的,不能免除其对实际施工人的支付责任。

11 转包人破产的,发包人向实际施工人在欠付转包人范围内直接付款是否构成债权的个别清偿?

【争议问题】

在工程存在转包的情形下,转包人进入破产程序的,发包人向实际施工人在欠付转包人范围内直接付款是否构成债权的个别清偿?

【裁判观点】

转包人进入破产的情况下,实际施工人请求发包人支付工程款符合司法解释的规范目的。发包人在欠付范围内向实际施工人支付工程款并非对转包人债务的个别清偿,不违反债权平等原则。

【典型案例】江苏省高级人民法院(2021)苏民再139号

在该案中,法院认为,在人民法院已受理关于转包人的破产申请的情况下,实际施工人仍可以依据最高人民法院《关于审理建设工程施工合同纠纷案件适用法律问题的解释》(已失效)第26条第2款的规定请求发包人在欠付范围内支付工程款。理由如下:第一,实际施工人对发包人的工程款请求权具有独立性,区别于转包人的请求权。首先,最高人民法院《关于审理建设工程施工合同纠纷案件适用法律问题的解释》(已失效)第26条第2款规定:"实际施工人以发包人为被告主张权利的,人民法院可以追加转包人或者违法分包人为本案当事人。发包人只在欠付工程价款范围内对实际施工人承担责任。"基于该条款文义,实际施工人既可以请求转包人支付工程款,也可以请求发包人支付工程款。实际施工人请求发包人支付工程款不必同时向转包人提出主张,其并非代位行使转包人的请求权。因此,该条规定中的"欠付范围"仅是对发包人承担责任的数额作出限制,实际施工人向发包人主张权利,并不以转包人怠于向发包人主张权利为前提。其次,最高人民法院《关于审理建设工程施工合同纠纷案件适用法律问题的解释》(已失效)第

25 条授权发包人突破合同相对性请求实际施工人承担工程质量责任，第 26 条第 2 款赋予实际施工人突破合同相对性向发包人主张工程款的权利，与实际施工人所负担的工程质量义务相对等。这两个条款均规定发包人与实际施工人可以越过转包人向对方直接提出请求，符合权利义务相一致的民法基本原则。第二，发包人在欠付范围内向实际施工人支付工程款并非对转包人债务的个别清偿，不违反债权平等原则。首先，《企业破产法》第 16 条禁止个别清偿，是禁止破产企业对其同顺位债务的差别清偿，而非禁止其他债务人向债权人进行清偿。依据最高人民法院《关于审理建设工程施工合同纠纷案件适用法律问题的解释》（已失效）第 26 条第 2 款的规定，实际施工人向发包人主张权利的，发包人即在欠付工程款范围内对实际施工人负有相应债务，应由发包人向实际施工人支付工程款，并非转包人向实际施工人清偿债务，不构成《企业破产法》所禁止的个别清偿。其次，实际施工人实际投入资金、材料和劳力进行了工程施工，建设工程凝结了实际施工人的劳动成果，而转包人并未实际进行施工，不应享受相应劳动成果，故发包人欠付的工程款并非当然属于转包人的责任财产。实际施工人向发包人请求支付工程款的，相应工程款不应纳入转包人的破产财产范畴，发包人因此向实际施工人支付工程款不应视为使用转包人财产清偿债务。实际施工人自发包人处获得清偿，并未增加其自转包人处受偿的比例，亦不违反债权平等受偿原则。第三，转包人破产情况下，实际施工人请求发包人支付工程款符合司法解释的规范目的。最高人民法院《关于审理建设工程施工合同纠纷案件适用法律问题的解释》（已失效）第 26 条第 2 款的规范目的在于为处于弱势地位的广大农民工的权益提供强有力的司法保护，实现实质意义上的公平正义。实际施工人在转包人资信状况恶化、破产、法人主体资格消灭等情况下，将难以主张权利，这关系众多农民工维系生存的"血汗钱"。这种情况下，司法解释赋予实际施工人以诉权，在一定条件下可以向发包人主张权利，扩展保护实际施工人权益的渠道，维护社会稳定。若因转包人破产否定实际施工人对发包人的工程款请求权，将导致司法解释给予实际施工人特别保护的目的落空，有违规范意旨。

【法律依据】

最高人民法院《关于审理建设工程施工合同纠纷案件适用法律问题的解释（一）》

第四十三条 实际施工人以转包人、违法分包人为被告起诉的，人民法院应当依法受理。

实际施工人以发包人为被告主张权利的，人民法院应当追加转包人或者违法分包人为本案第三人，在查明发包人欠付转包人或者违法分包人建设工程价款的数额后，判决发包人在欠付建设工程价款范围内对实际施工人承担责任。

【律师解读】

实际施工人对发包人的工程款请求权具有独立性，区别于转包人的请求权。转包人破产的情况下，实际施工人请求发包人支付工程款符合司法解释的规范目的，有利于保护实际施工人权益，维护社会稳定。发包人在欠付范围内向实际施工人支付工程款并非对转包人债务的个别清偿，不违反债权平等原则。

12 发包人与承包人尚未完成结算的，发包人是否应对实际施工人承担责任？

【争议问题】

依据现行司法解释，实际施工人可主张发包人在欠付承包人工程款范围内承担付款责任，但若发承包双方尚未完成结算，发包人是否还应承担该责任？

【裁判观点1】

发包人与承包人尚未完成结算的，因不能确定欠付工程款数额，实际施工人不能请求发包人在欠付工程款范围内承担支付责任。

【典型案例】最高人民法院（2021）最高法民申3407号

在该案中，法院认为，最高人民法院《关于审理建设工程施工合同纠纷案件适用法律问题的解释（二）》（已失效）第24条规定："实际施工人以发包人为被告主张权利的，人民法院应当追加转包人或者违法分包人为本案第三人，在查明发包人欠付转包人或者违法分包人建设工程价款的数额后，判决发包人在欠付建设工程价款范围内对实际施工人承担责任。"据此，实际施工人要求发包人承担支付工程款的前提是发包人欠付承包人工程款，进而需要认定发包人与承包人之间的工程款结算事实。2015年盘州市人民政府、申安盘南公司、德感公司三方签订的《BT补充协议》第5条关于项目回购期约定，"该项目竣工决算、审计结束进入回购期。审计须在3个月内完成，即乙方（德感公司）将决算报告提交至甲方后3个月未完成审计，视为已经完成审计程序，并暂按决算金额直接进入回购"。故上述证据不能推翻二审判决关于"未有证据证明申安盘南公司与德感公司对案涉工程款已有结算"的认定。另外,实际施工人并非合法的工程施工主体,其虽然有权突破合同相对性向发包人主张债权,但其享有的权利不能优于承包人,其权利的行使要受到发包人与承包人之间约定的限制。①

【裁判观点2】

发包人虽未与承包人进行结算,但应付款远远大于实际施工人主张的工程款的,应当对实际施工人负有支付工程款的义务。

【典型案例】浙江省高级人民法院(2020)浙民终787号

在该案中,法院认为,发包人浙师大将浙江师范大学实验实训楼建设工程发包给承包人明业公司施工,明业公司将其中的防水卷材项目交给森海公司施工,森海公司系案涉防水卷材项目的实际施工人。虽然发包人浙师大与承包人明业公司(挂靠人朱某刚)之间尚未进行工程价款结算,但是根据浙师大在一审、二审中的陈述,案涉工程合同签约价为30,000,001元,浙师大已支付工程款2550万元,合同签约价的15%尚未支付。浙师大欠付明业公司的工程款数额远远大于明业公司应付森海公司的工程款余额。因此,森海公司诉讼请求浙师大在欠付明业公司工程款范围内支付森海公司工程款207,239.04元,符合法律规定,应予支持。

【法律依据】

最高人民法院《关于审理建设工程施工合同纠纷案件适用法律问题的解释(一)》

第四十三条 实际施工人以转包人、违法分包人为被告起诉的,人民法院应当依法受理。

实际施工人以发包人为被告主张权利的,人民法院应当追加转包人或者违法分包人为本案第三人,在查明发包人欠付转包人或者违法分包人建设工程价款的数额后,判决发包人在欠付建设工程价款范围内对实际施工人承担责任。

【律师解读】

通常情形下,发包人与转包人或分包人未结算,是否欠付工程款、欠付多少工程款尚不清楚,而无法查明发包人欠付的具体工程款数额,故法院不支持实际施工

---

① 类似案例可参见最高人民法院(2021)最高法民申6156号案、(2021)最高法民终339号案。

人主张发包人在欠付工程款范围内承担责任的请求。但若已有初步证据可以证明发包人欠付工程款数额大于实际施工人主张的债权，则仍有可能判令发包人承担责任。

13 实际施工人是否可以向与其没有合同关系的转包人、分包人、发包人主张工程价款？

【争议问题】

在工程多次转包或分包后，实际施工人可否向与其没有合同关系的转包人和分包人主张工程款？

【裁判观点】

实际施工人无权向与其没有合同关系的转包人、分包人主张工程价款，但可以主张发包人在欠付工程款范围内承担责任。

【典型案例】最高人民法院(2021)最高法民申3649号

在该案中，法院认为，违法转包人北京世纪源博公司、山东显通公司、山东显通五公司与陕西森茂闳博公司、李某柱并无直接合同关系。最高人民法院《关于审理建设工程施工合同纠纷案件适用法律问题的解释》(已失效)第26条赋予了实际施工人突破合同相对性向发包人主张工程价款的权利，但并不意味着实际施工人可以直接向与其没有合同关系的转包人、分包人主张工程价款。因此，陕西森茂闳博公司、李某柱主张由以上主体承担责任无事实和法律依据。再者，该条所规定的发包人在欠付工程价款范围内对实际施工人承担责任，并不以合同无效为适用前提，古浪鑫森公司与北京世纪源博公司签订的发包合同有效并不影响该条的适用。故原判决依据上述第26条的规定，判决由发包人古浪鑫森公司承担案涉工程欠款的付款责任，并无不当。陕西森茂闳博公司、李某柱关于原判决对工程款支付主体认定错误的再审申请事由不能成立，不予支持。[1]

---

① 类似案例可参见最高人民法院(2021)最高法民申3586号案、(2021)最高法民申4495号案、(2021)最高法民申1358号案，山东省高级人民法院(2021)鲁民申5621号案、(2021)鲁民申5620号案、(2021)鲁民申8328号案、(2021)鲁民申1289号案、(2021)鲁民申1252号案。

【司法意见】

“《建工解释一》第四十三条规定：‘实际施工人以转包人、违法分包人为被告起诉的，人民法院应当依法受理。实际施工人以发包人为被告主张权利的，人民法院应当追加转包人或者违法分包人为本案第三人，在查明发包人欠付转包人或者违法分包人建设工程价款的数额后，判决发包人在欠付建设工程价款范围内对实际施工人承担责任。’本条解释涉及三方当事人两个法律关系：一是发包人与承包人之间的建设工程施工合同关系；二是承包人与实际施工人之间的转包或者违法分包关系。原则上，当事人应当依据各自的法律关系，请求各自的债务人承担责任。本条解释为保护农民工等建筑工人的利益，突破合同相对性原则，允许实际施工人请求发包人在欠付工程款范围内承担责任。对该条解释的适用应当从严把握。该条解释只规范转包和违法分包两种关系，未规定借用资质的实际施工人以及多层转包和违法分包关系中的实际施工人有权请求发包人在欠付工程款范围内承担责任。因此，可以依据《建工解释一》第四十三条的规定突破合同相对性原则请求发包人在欠付工程款范围内承担责任的实际施工人不包括借用资质及多层转包和违法分包关系中的实际施工人。”①

【律师解读】

实际施工人追索工程款的案件中，实际施工人与发包人之间往往存在多层转包或分包关系。近几年司法实践中，对于实际施工人突破合同相对性向“发包人”主张权利持谨慎限缩的态度。此处的“发包人”仅指工程项目的建设单位，不应扩大解释为分包、转包合同的发包人。依据上述会议纪要精神，层层转包、违法分包情形下的实际施工人无权突破合同相对性向上一手当事人包括最终的发包人主张权利。

14 被挂靠人是否有权要求挂靠人按照挂靠协议分配利益？

【争议问题】

挂靠情形下，被挂靠人依据与挂靠人签订的利益分配协议要求分配利益的，能

---

① 最高人民法院民事审判第一庭2021年第20次专业法官会议纪要。

否获得法院支持？

【裁判观点】

被挂靠人无权依据无效的挂靠协议请求分配收益。

【典型案例】山东省高级人民法院（2020）鲁民申7784号

在该案中，法院认为，申请人主张即使认定双方签订的涉案联合施工协议无效，因申请人作为国企为涉案工程项目付出了大量人力、物力、财力，对于整个工程项目的运作发挥了主导性作用，应参照涉案联合施工协议约定的结算条款合理分配项目收益，原判决申请人获得远高于有效合同的履行利益，对申请人显失公平。涉案联合施工协议系两个承包人或者施工人之间基于共同承揽工程而达成的合意，涉案联合施工协议违反了法律的强制性规定被依法认定无效，其合同约定的结算条款自然无法作为双方之间分配项目收益的依据，且该协议并非工程发包人与承包人之间的建设工程施工协议，故申请人主张应参照涉案协议约定的结算条款分配收益没有法律依据。

【法律依据】

《民法典》

第一百五十三条 违反法律、行政法规的强制性规定的民事法律行为无效。但是，该强制性规定不导致该民事法律行为无效的除外。

违背公序良俗的民事法律行为无效。

【律师解读】

因挂靠协议无效，其利益分配条款亦不具有法律约束力，被挂靠人的非法利益不受法律保护。这是挂靠关系下被挂靠人应承担的风险。

15 被挂靠人对挂靠人欠付实际施工人的工程款债务是否承担连带责任？

【争议问题】

在挂靠人将工程再次转包或违法分包的情形下，被挂靠人对挂靠人欠付实际施工人的工程款是否应承担责任？

【裁判观点1】

实际施工人对与其签订合同的承包人系挂靠行为知情的，挂靠人与被挂靠人应对实际施工人债务承担连带责任。

【典型案例】最高人民法院(2021)最高法民申2300号

在该案中,法院认为,中建公司与迪旻公司在签订协议时均知道并认可对方的身份。合同履行过程中,中建公司称其接受迪旻公司委托,支付该项目涉及的部分款项,在案涉工程施工过程中涉及的相关材料中,也加盖中建三局东方公司西安世纪金花珠江时代广场项目部印章。迪旻公司虽然以自己的名义对外为民事行为,但臻加公司有理由相信迪旻公司是在履行与中建公司的施工合同义务有关的职务行为,应视为迪旻公司以中建公司名义发生民事行为,中建公司应与迪旻公司对外承担连带责任。原审判决判令中建公司承担连带责任并无不当。

【裁判观点2】

实际施工人对挂靠事实不知情的,无权要求被挂靠人承担连带责任。

【典型案例】山东省高级人民法院(2020)鲁民申4231号

在该案中,法院认为,战某成依据口头协议从别某远处承揽了案涉工程,战某成和别某远亦均表示战某成对于别某远借用海晨装饰公司资质承揽案涉工程并不知情,战某成与海晨装饰公司之间并无直接合同关系,其在施工中直接从别某远处支取款项,即别某远系以自己的名义将工程转包给战某成,战某成未举证证明其有理由相信别某远是在履行与海晨装饰公司的施工合同义务有关的职务行为或别某远的上述行为构成了代表海晨装饰公司的表见代理行为。连带责任是法律直接规定的责任形态,责任主体之间承担连带责任须有明确的法律依据,不能随意突破合同相对性原则,二审认定海晨装饰公司不承担连带付款责任并无不当。

【裁判观点3】

被挂靠人出借资质的行为存在过错的,其对挂靠人欠付的工程款债务承担连带责任。

【典型案例】山东省高级人民法院(2019)鲁民再887号

在该案中,法院认为,大康留村村委会是发包人,而王某民借用安居公司的资质违法承包该工程,后又转包给倪某,原审法院认定倪某系实际施工人并无不当。安居公司存在违法借用资质行为,导致王某民实际承揽了案涉工程,违反了相关法律的规定，该行为存在过错。因此，原审法院认定安居公司承担连带责任并无不当。①

【法律依据】

《建筑法》

第六十六条 建筑施工企业转让、出借资质证书或者以其他方式允许他人以本企业的名义承揽工程的，责令改正，没收违法所得，并处罚款，可以责令停业整顿，降低资质等级；情节严重的，吊销资质证书。对因该项承揽工程不符合规定的质量标准造成的损失，建筑施工企业与使用本企业名义的单位或者个人承担连带赔偿责任。

《民法典》

第一千二百一十一条 以挂靠形式从事道路运输经营活动的机动车，发生交通事故造成损害，属于该机动车一方责任的，由挂靠人和被挂靠人承担连带责任。

最高人民法院《关于审理旅游纠纷案件适用法律若干问题的规定》

第十四条 旅游经营者准许他人挂靠其名下从事旅游业务，造成旅游者人身损害、财产损失，旅游者依据民法典第一千一百六十八条的规定请求旅游经营者与挂靠人承担连带责任的，人民法院应予支持。

山东高院《关于审理建设工程施工合同纠纷案件若干问题的解答》

15、借用资质签订建设工程施工合同后分包、转包工程，与借用资质人订立施工合同的实际施工人能否向出借资质人主张工程价款？

没有施工资质的施工主体借用有资质的建筑施工企业名义签订的建设工程施工合同无效，借用资质人以自己名义将工程分包、转包他人施工，实际施工人原则上仅可以向借用资质人主张工程价款。

【律师解读】

司法实践中，关于实际施工人主张挂靠人和被挂靠人承担欠付工程款连带责任的问题存在不同的观点。第一种观点认为，被挂靠人允许挂靠人向其借用资质的行为存在过错，被挂靠人通过挂靠行为获取了不正当利益（收取管理费），故应当对挂靠人的相关行为承担责任。依据《民法典》及有关司法解释关于挂靠关系

---

① 类似案例可参见江苏省高级人民法院（2020）苏民申1300号案、广东省高级人民法院（2020）粤民申879号案。

下法律责任的一般规定,被挂靠人应对挂靠人的债务依法承担连带责任。第二种观点认为,连带责任属于法定连带之债或者约定连带之债,在当事人未约定的情况下,由于现行法律法规并未对挂靠施工关系的主体相互承担连带责任进行规定,被挂靠单位不应当对挂靠人的债务承担连带责任。第三种观点认为,被挂靠人是否应当承担连带责任,应当根据实践中的具体合同缔结情况、缔约主体及合同履行情况做具体判断。

第七章 优先受偿权争议

建设工程价款优先受偿权是法律赋予承包人的一种法定的优先权，在权利顺位排序上，它是优先于抵押权的一种"超级权利"。承包人用好该权利可以保障自己的工程款债权。但任何权利都是有边界的。实践中，围绕优先受偿权的争议不多，主要集中在几个方面。目前实务界对于建设工程价款优先受偿权的几个典型争议，已有较为一致的意见。

1 实际施工人是否享有优先受偿权？

【争议问题】

建设工程的承包人依法享有工程价款优先受偿权，但关于实践中大量存在的实际施工人是否也享有优先受偿权，并无明确法律规定。

【裁判观点1】

依法享有工程价款优先受偿权的承包人必须与发包人存在直接的施工合同关系，实际施工人不享有建设工程价款优先受偿权。

【典型案例】最高人民法院（2021）最高法民申5733号

在该案中，法院认为，最高人民法院《关于适用〈中华人民共和国民法典〉时间效力的若干规定》第1条第2款规定，《民法典》施行前的法律事实引起的民事纠纷案件，适用当时的法律、司法解释的规定，但是法律、司法解释另有规定的除外。本案事实发生于《民法典》实施之前，应当适用《民法典》实施前的相关法律规定予以处理。原《合同法》第286条规定，发包人未按照约定支付价款的，承包人可以催告发包人在合理期限内支付价款。发包人逾期不支付的，除按照建设工程的性质不宜折价、拍卖的以外，承包人可以与发包人协议将该工程折价，也可以申请人民法院将该工程依法拍卖。建设工程的价款就该工程折价或者拍卖的价款优先受偿。根据该规定，工程价款优先受偿权的请求主体只能为承包人。本案中，根据原审法院查明的事实，昌源公司作为承包人与富泰公司于2010年2月3日签订《协议书》承包涉案工程，再审申请人曹某兴、黄某荣为案涉工程的实际施工人，而非承包方。最高人民法院《关于审理建设工程施工合同纠纷案件适用法律问题的解释》(已失效)第26条第2款规定发包人只在欠付工程价款范围内对实际施工人承担责任，即实际施工人有条件向发包人主张工程价款，但并未规定实际施工人享有工程价款的优先受偿权。因此，二审法院认为曹某兴、黄某荣作为实际施工人不享有工程价款优先受偿权，并无不当。①

【裁判观点2】

发包人对挂靠施工的事实明知的，实际施工人具有主张建设工程价款优先受偿权的主体资格。

【典型案例】山东省高级人民法院(2020)鲁民终2560号

在该案中，法院认为，《连云港路66号国际航运中心项目通风空调工程施工合同》是陆某清参与协商订立并实际履行的，海洋公司对此应是明知的。因此，海洋公司与陆某清之间存在事实上的建设工程施工合同关系，陆某清享有对海洋公司主张工程价款的合同权利，具有主张建设工程价款优先受偿权的主体资格。

【法律依据】

《民法典》

第八百零七条　发包人未按照约定支付价款的，承包人可以催告发包人在合理期限内支付价款。发包人逾期不支付的，除根据建设工程的性质不宜折价、拍卖外，承包人可以与发包人协议将该工程折价，也可以请求人民法院将该工程依法拍卖。建设工程的价款就该工程折价或者拍卖的价款优先受偿。

---

① 类似案例可参见最高人民法院(2021)最高法民申2486号案、江苏省高级人民法院(2020)苏民申3051号案。

最高人民法院《关于审理建设工程施工合同纠纷案件适用法律问题的解释(一)》

第三十五条 与发包人订立建设工程施工合同的承包人,依据民法典第八百零七条的规定请求其承建工程的价款就工程折价或者拍卖的价款优先受偿的,人民法院应予支持。

【司法意见】

实际施工人不享有建设工程价款优先受偿权。建设工程价款优先受偿权是指在发包人经承包人催告支付工程款后合理期限内仍未支付工程款时,承包人享有的与发包人协议将该工程折价或者请求人民法院将该工程依法拍卖,并就该工程折价或者拍卖价款优先受偿的权利。依据《民法典》第 807 条以及最高人民法院《关于审理建设工程施工合同纠纷案件适用法律问题的解释(一)》第 35 条之规定,只有与发包人订立建设工程施工合同的承包人才享有建设工程价款优先受偿权。实际施工人不属于“与发包人订立建设工程施工合同的承包人”,不享有建设工程价款优先受偿权。①

【律师解读】

根据现行法律及司法解释的规定,建设工程价款优先受偿权的请求主体为与发包人签订合同的承包人。违法分包或转包情况下的实际施工人因与发包人之间不存在直接的合同关系,而不具备工程价款优先受偿权的主体资格。但在发包人明知挂靠资质关系下的实际施工人借用资质事实存在的情形下,实际施工人与发包人成立了事实上的建设工程施工合同关系,此时的实际施工人应享有直接向发包人主张工程价款的合同权利,具有主张建设工程价款优先受偿权的主体资格。当然,该问题在司法实践中也存在不同的观点。

2 如何计算优先受偿权的起算时点?

【争议问题】

工程价款优先受偿权自发包人应当给付建设工程价款之日起算。而实践中,

---

① 参见最高人民法院民事审判第一庭 2021 年第 21 次专业法官会议纪要。

对于特定案情下如何确定发包人应当给付工程价款之日，则存在较多争议。

【裁判观点】

工程竣工后，发承包双方对结算始终未达成一致意见的，对未付部分工程款的应付时间按照起诉之日起算；承包人的优先受偿权自起诉之日起算。

【典型案例】最高人民法院（2021）最高法民终 754 号

在该案中，法院认为，根据《施工协议书》的约定，应付案涉工程结算总价 95% 的时间为对工程结算总价完成审计并经发包方与承包方双方确认之时。但是，案涉工程完工后，中天公司与凯元公司对工程造价一直未履行审计程序，双方对工程造价也未达成一致意见。鉴于双方对工程竣工验收及工程款的结算均负有责任，一审法院酌定该部分工程款的应付时间按照中天公司起诉之日起算，即 2017 年 3 月 24 日，并无不妥。[①]

【法律依据】

最高人民法院《关于审理建设工程施工合同纠纷案件适用法律问题的解释（一）》

第二十七条　利息从应付工程价款之日开始计付。当事人对付款时间没有约定或者约定不明的，下列时间视为应付款时间：

（一）建设工程已实际交付的，为交付之日；

（二）建设工程没有交付的，为提交竣工结算文件之日；

（三）建设工程未交付，工程价款也未结算的，为当事人起诉之日。

第四十一条　承包人应当在合理期限内行使建设工程价款优先受偿权，但最长不得超过十八个月，自发包人应当给付建设工程价款之日起算。

山东高院民一庭《关于审理建设工程施工合同纠纷案件若干问题的解答》

11. 承包人主张建设工程价款优先受偿权的起算时间如何确定？

行使建设工程价款优先受偿权的期限自发包人应当给付工程价款之日起算。当事人对应付款时间有明确约定的，按照当事人约定。无明确约定的，可以参照《最高人民法院关于审理建设工程施工合同纠纷案件适用法律问题的解释》第十八条规定审查处理。

---

① 类似案例可参见最高人民法院（2021）最高法民申 7246 号案、（2019）最高法民终 1755 号案。

【律师解读】

工程价款优先受偿权的起算时间与发包人应当给付建设工程价款的时间相一致。实践中，对发包人应付款时间的认定，不仅影响优先受偿权的起算，也影响工程款利息的计算。按照司法解释的规定，起算日的认定大体可以分为以下几种情况：（1）当事人对应付款时间有明确约定的，按照当事人的约定确定；（2）当事人对付款时间没有约定或者约定不明，建设工程已实际交付的，为交付之日；（3）建设工程没有交付的，为提交竣工结算文件之日；（4）建设工程未交付，工程价款也未结算的，为当事人起诉之日。

3 无效合同下承包人是否享有优先受偿权？

【争议问题】

施工合同无效的情形下，承包人是否还享有工程价款优先受偿权？对此问题，法律没有明确规定，实践中因此存在较大争议。

【裁判观点】

施工合同有效或无效均不影响工程价款优先受偿权的成立。

【典型案例】最高人民法院（2019）最高法民终 314 号

在该案中，开泰公司、欣成公司上诉主张，只有施工合同有效才能适用法定优先受偿权；案涉工程施工合同无效，故国泰公司对案涉工程价款不享有优先受偿权。原《合同法》第 286 条规定，“发包人未按照约定支付价款的，承包人可以催告发包人在合理期限内支付价款。发包人逾期不支付的，除按照建设工程的性质不宜折价、拍卖的以外，承包人可以与发包人协议将该工程折价，也可以申请人民法院将该工程依法拍卖。建设工程的价款就该工程折价或者拍卖的价款优先受偿”。该条和相关司法解释均未明确规定施工合同有效才能主张工程价款优先受偿权，而且，如上所述案涉合同应认定有效，案涉工程亦竣工验收合格。开泰公司、欣成公司的此项上诉理由缺乏法律依据，法院不予支持。

最高人民法院《关于审理建设工程施工合同纠纷案件适用法律问题的解释（二）》（已失效）第 22 条规定：“承包人行使建设工程价款优先受偿权的期限为六个月，自发包人应当给付建设工程价款之日起算。”案涉工程于 2015 年 12 月 18 日竣工验收合格，开泰公司应于2016年4月18日支付工程款，国泰公司于2016年4月1日起诉主张工程款优先权符合法律、司法解释的规定，一审判决支持国泰公司的该项诉讼请求正确，二审法院予以维持。

【法律依据】

《民法典》

第八百零七条 发包人未按照约定支付价款的，承包人可以催告发包人在合理期限内支付价款。发包人逾期不支付的，除根据建设工程的性质不宜折价、拍卖外，承包人可以与发包人协议将该工程折价，也可以请求人民法院将该工程依法拍卖。建设工程的价款就该工程折价或者拍卖的价款优先受偿。

最高人民法院《关于审理建设工程施工合同纠纷案件适用法律问题的解释(一)》

第四十一条 承包人应当在合理期限内行使建设工程价款优先受偿权，但最长不得超过十八个月，自发包人应当给付建设工程价款之日起算。

山东高院民一庭《关于审理建设工程施工合同纠纷案件若干问题的解答》

10. 施工合同无效，承包人主张对涉案工程价款享有优先受偿权，如何处理？

建设工程价款优先受偿权不受施工合同效力的影响，施工合同无效，承包人仍可享有建设工程价款优先受偿权。

【律师解读】

《民法典》第807条及相关司法解释并未明确规定只有施工合同有效承包人才能主张优先受偿工程价款，因此施工合同的效力并不能影响工程价款优先受偿权的行使。

4 承包人的优先受偿权是否因其建设的房产被发包人出售而丧失？

【争议问题】

工程竣工后，发包人将建成房屋出售的，承包人对已售房屋是否还享有工程价款优先受偿权？

【裁判观点】

承包人的优先受偿权不因其建设的房产被发包人出售而丧失。

【典型案例】最高人民法院(2021)最高法民申5005号

在该案中,多力多公司主张案涉项目中的部分房屋在一审法院查封前已经出售,对该部分房屋,上海建工不享有优先受偿权。法院认为,虽然案涉项目中的部分房屋在一审法院查封前已经出售,但是该部分房屋并未办理备案登记,亦未实际交付,仍属多力多公司所有。故原审认定上海建工对该部分房屋享有优先受偿权具有事实和法律依据,并无不当。至于上海建工享有的优先受偿权能否对抗已支付全部或大部分购房款的购房者,不影响上海建工享有的优先受偿权,不能因此否定上海建工享有的优先受偿权。

【法律依据】

《民法典》

第二百零九条第一款 不动产物权的设立、变更、转让和消灭,经依法登记,发生效力;未经登记,不发生效力,但是法律另有规定的除外。

第八百零七条 发包人未按照约定支付价款的,承包人可以催告发包人在合理期限内支付价款。发包人逾期不支付的,除根据建设工程的性质不宜折价、拍卖外,承包人可以与发包人协议将该工程折价,也可以请求人民法院将该工程依法拍卖。建设工程的价款就该工程折价或者拍卖的价款优先受偿。

最高人民法院《关于人民法院办理执行异议和复议案件若干问题的规定》

第二十九条 金钱债权执行中,买受人对登记在被执行的房地产开发企业名下的商品房提出异议,符合下列情形且其权利能够排除执行的,人民法院应予支持:

(一)在人民法院查封之前已签订合法有效的书面买卖合同;

(二)所购商品房系用于居住且买受人名下无其他用于居住的房屋;

(三)已支付的价款超过合同约定总价款的百分之五十。

【律师解读】

若发包人已将建成的房屋出售,则会出现买受人的物权期待权与承包人的工程价款优先受偿权的冲突。按照最高人民法院《关于人民法院办理执行异议和复议案件若干问题的规定》第29条的规定,对于符合特定条件的商品房买受人,承包人不得对其所购买房屋行使工程价款优先受偿权,而对于一般的房屋买受人,承包人的优先受偿权将优先得到保护。

5 优先受偿权是否及于建设工程所占用范围内的土地使用权?

【争议问题】

基于房地不可分的原理,被查封的建筑物被拍卖时,土地与房屋一并作为标的物拍卖。那么承包人的优先受偿权是否及于建筑物所占用范围内的土地使用权?

【裁判观点】

工程款优先受偿权不及于建设工程占用范围内的土地使用权,拍卖款应由建设工程款优先受偿权人和土地抵押权人分别优先受偿。

【典型案例】最高人民法院(2019)最高法执监470号

在该案中,法院认为,根据原《物权法》第146条、第147条的规定,建设用地使用权转让的,附着于该土地上的建筑物、构筑物等一并处分;建筑物、构筑物等转让的,所占用范围内的建设用地使用权一并处分。因此,即便房地分属不同权利人,在处置程序中,也应遵循一并处分的原则,以使受让人取得完整的土地使用权。本案中,上海市第二中级人民法院基于"房地一体"原则对涉案在建工程及占用范围内的土地使用权进行整体拍卖,符合法律规定。但根据原《物权法》第200条的规定,"房地一体"应当理解为针对处置环节,而不能将建筑物与土地使用权理解为同一财产。因此,虽然对房地产一并处分,但应当对权利人分别进行保护。根据原《合同法》第286条规定的精神,建设工程的价款就该工程折价或者拍卖的价款优先受偿。建设工程的价款是施工人投入或者物化到建设工程中的价值体现,法律保护建设工程价款优先受偿权的主要目的是优先保护建设工程劳动者的工资及其他劳动报酬,维护劳动者的合法权益,而劳动者投入建设工程中的价值及材料成本并未转化到该工程占用范围内的土地使用权中。因此,上海市高级人民法院和上海市第二中级人民法院以涉案房地产应一并处置为由,认定宝业公司享有的工程款优先受偿权及于涉案土地使用权缺乏法律依据,在对涉案房地产进行整体拍卖后,拍卖款应当由建设工程款优先受偿权人以及土地使用权抵押权人分别优先受偿。本案涉案房地产经过拍卖后,宝业公司以8568万元价格竞买,对于拍卖款中属于土地使用权的部分,应当由杭州银行优先受偿。鉴于该部分款项数额不清,由上海市第二中级人民法院重新依法确定后,由宝业公司和杭州银行分别优先受偿。

【法律依据】

《民法典》

第三百五十七条 建筑物、构筑物及其附属设施转让、互换、出资或者赠与的，该建筑物、构筑物及其附属设施占用范围内的建设用地使用权一并处分。

第四百一十七条 建设用地使用权抵押后，该土地上新增的建筑物不属于抵押财产。该建设用地使用权实现抵押权时，应当将该土地上新增的建筑物与建设用地使用权一并处分。但是，新增建筑物所得的价款，抵押权人无权优先受偿。

第八百零七条 发包人未按照约定支付价款的，承包人可以催告发包人在合理期限内支付价款。发包人逾期不支付的，除根据建设工程的性质不宜折价、拍卖外，承包人可以与发包人协议将该工程折价，也可以请求人民法院将该工程依法拍卖。建设工程的价款就该工程折价或者拍卖的价款优先受偿。

【律师解读】

建设工程的价款是施工人投入或者物化到建设工程中的价值体现，法律保护建设工程价款优先受偿权的主要目的是优先保护建设工程劳动者的工资及其他劳动报酬，维护劳动者的合法权益，而劳动者投入建设工程中的价值及材料成本并未转化到该工程占用范围内的土地使用权中。因此，建设工程价款优先受偿权的对象不包括土地使用权。在司法实践中，本着“房地一体”原则，即便房地分属不同权利人，在处置程序中，也会遵循一并处分的原则，对建设工程及占用范围内的土地使用权进行整体拍卖，对涉案房地产进行整体拍卖后，拍卖款应当由建设工程价款优先受偿权人以及土地使用权抵押权人分别优先受偿。

6 承包人将主债权转让的，优先受偿权能否一并转让？

【争议问题】

承包人将工程债权转让的，其法定的工程价款优先受偿权是否一并转让？

【裁判观点】

承包人将主债权转让的，建设工程价款优先受偿权应一并转让。

【典型案例】山东省高级人民法院（2021）鲁民再23号

在该案中，法院认为，建设工程价款优先受偿权作为一种法定的担保物权，依附于工程款债权,属于从属性权利,承包人将主债权转让的,建设工程价款优先受偿权应一并转让。李某伟作为案涉工程的实际施工人,通过受让债权取得建设工程价款优先受偿权并不违背原《合同法》设定建设工程价款优先受偿权的立法宗旨。原审认定李某伟享有案涉工程价款的优先受偿权适用法律并无不当。

【法律依据】

《民法典》

第五百四十七条第一款 债权人转让债权的,受让人取得与债权有关的从权利,但是该从权利专属于债权人自身的除外。

最高人民法院《关于审理建设工程施工合同纠纷案件适用法律问题的解释(一)》

第四十二条 发包人与承包人约定放弃或者限制建设工程价款优先受偿权,损害建筑工人利益,发包人根据该约定主张承包人不享有建设工程价款优先受偿权的,人民法院不予支持。

【律师解读】

建设工程价款优先受偿权作为一种法定的担保物权,依附于工程款债权,属于从属性权利,承包人将主债权转让的,建设工程价款优先受偿权应一并转让。实际施工人可以通过债权受让的方式取得建设工程价款优先受偿权。实践中有争议的问题是:发包人能否与承包人约定工程款债权不得转让,否则承包人将丧失优先受偿权?依照上述司法解释第42条的规定,笔者认为,这种约定限制了承包人的权利,损害了建筑工人的利益,有可能被认定无效而不能获得法院的支持。

7 优先受偿权是否可以在执行程序中行使?

【争议问题】

承包人应通过什么方式行使工程价款优先受偿权?通常的做法是在诉讼程序中请求法院作出确认,以便在执行程序中获得强制执行的效力。除此之外,承包人是否可以通过其他方式行使,如直接在执行程序中主张该权利?

【裁判观点】

承包人可以向执行法院主张其享有建设工程价款优先受偿权。

【典型案例】中天建设集团有限公司诉河南恒和置业有限公司建设工程施工合同纠纷案(最高人民法院指导性案例171号)

在该案中,法院认为,执行法院依其他债权人的申请,对发包人的建设工程强制执行,承包人向执行法院主张其享有建设工程价款优先受偿权且未超过除斥期间的,视为承包人依法行使了建设工程价款优先受偿权。发包人以承包人起诉时行使建设工程价款优先受偿权超过除斥期间为由进行抗辩的,人民法院不予支持。

【法律依据】

《民法典》

第八百零七条 发包人未按照约定支付价款的,承包人可以催告发包人在合理期限内支付价款。发包人逾期不支付的,除根据建设工程的性质不宜折价、拍卖外,承包人可以与发包人协议将该工程折价,也可以请求人民法院将该工程依法拍卖。建设工程的价款就该工程折价或者拍卖的价款优先受偿。

【律师解读】

上述指导性案例确认了承包人可以不经审判程序,直接在执行程序中主张建设工程价款优先受偿权,其中的逻辑是建设工程价款优先受偿权是承包人的一种法定权利,并不需要经过司法确认程序赋予强制执行力。但在实务操作中,一般情况下,建议还是在确认工程款债权的诉讼程序中一并请求确认该项权利为好。

8 优先受偿权与商品房消费者生存权的顺位关系如何?

【争议问题】

当承包人对建设工程价款的优先受偿权遇上购房人对房屋的物权期待权时,哪一种权利会得到优先保护?

【裁判观点】

在已经支付全部或者大部分购房款的商品房消费者的生存权与承包人建设工程价款优先受偿权发生冲突时,应优先保护商品房消费者的生存权。

【典型案例】最高人民法院(2021)最高法民终600号

在该案中,法院认为,胡某2016年5月16日与润红公司威信分公司签订《商品房购销合同》,并支付购房首付款223,151元,润红公司威信分公司出具《收据》予以确认;结合胡某提交的物业费收据等证据,足以证明胡某已实际向润红公司威信分公司支付购房款223,151元。胡某已经支付的购房款虽然未达到总价款的50%,但胡某在诉讼中明确表示愿意将剩余价款按照人民法院的要求交付执行,在此情况下,一审法院适用最高人民法院《关于人民法院办理执行异议和复议案件若干问题的规定》第29条的规定认定胡某在交付剩余房款50万元后对于案涉房屋享有物权期待权、可以排除强制执行并无不妥。长青公司上诉主张,其对案涉房屋享有建设工程价款优先受偿权,本案应当适用最高人民法院《关于人民法院办理执行异议和复议案件若干问题的规定》第27条的规定。对此,法院认为,相对于抵押权和金钱债权等权利,工程价款优先受偿权处于优先顺位,但劣后于商品房消费者生存权。最高人民法院《关于建设工程价款优先受偿权问题的批复》(已失效)第1条规定,“人民法院在审理房地产纠纷案件和办理执行案件中,应当依照《中华人民共和国合同法》第二百八十六条的规定,认定建筑工程的承包人的优先受偿权优于抵押权和其他债权”。第2条规定,“消费者交付购买商品房的全部或者大部分款项后,承包人就该商品房享有的工程价款优先受偿权不得对抗买受人”。上述规定体现了商品房消费者的生存权优先保护原则。最高人民法院《关于人民法院办理执行异议和复议案件若干问题的规定》第29条对于商品房买受人物权期待权的保护是对消费者生存权优先保护的进一步细化。最高人民法院《关于人民法院办理执行异议和复议案件若干问题的规定》第27条规定,“申请执行人对执行标的依法享有对抗案外人的担保物权等优先受偿权,人民法院对案外人提出的排除执行异议不予支持,但法律、司法解释另有规定的除外”。因此,最高人民法院《关于人民法院办理执行异议和复议案件若干问题的规定》第29条本身也属于第27条规定的除外规定。根据上述规定,在已经支付全部或者大部分购房款的商品房消费者的生存权与建设工程价款优先受偿权发生冲突时,应优先保护商品房消费者的生存权。本案中,案涉房屋用途为住宅,胡某购买案涉房屋系用于个人居住,属于上述规定中的商品房消费者,其已经支付一定购房款,并明确表示愿意将剩余价款按照人民法院的要求交付执行,其对案涉房屋所享有的民事权益能够对抗长青公司基于建设工程价款优先受偿权而对案涉房屋的强制执行。长青公司的相应上诉理由不能成立。

【法律依据】

《民法典》

第八百零七条 发包人未按照约定支付价款的，承包人可以催告发包人在合理期限内支付价款。发包人逾期不支付的，除根据建设工程的性质不宜折价、拍卖外，承包人可以与发包人协议将该工程折价，也可以请求人民法院将该工程依法拍卖。建设工程的价款就该工程折价或者拍卖的价款优先受偿。

最高人民法院《关于人民法院办理执行异议和复议案件若干问题的规定》

第二十九条 金钱债权执行中，买受人对登记在被执行的房地产开发企业名下的商品房提出异议，符合下列情形且其权利能够排除执行的，人民法院应予支持：

（一）在人民法院查封之前已签订合法有效的书面买卖合同；

（二）所购商品房系用于居住且买受人名下无其他用于居住的房屋；

（三）已支付的价款超过合同约定总价款的百分之五十。

最高人民法院《关于审理建设工程施工合同纠纷案件适用法律问题的解释（一）》

第三十六条 承包人根据民法典第八百零七条规定享有的建设工程价款优先受偿权优于抵押权和其他债权。

【律师解读】

在我国司法实践中，商品房消费者对房屋的物权期待权普遍被认为属于生存权的范畴。按照通常的法理，生存权必然要高于财产权。因此，在权利顺位上，商品房消费者的物权期待权要高于承包人工程价款优先受偿权。但值得注意的是，《民法典》颁布后，最高人民法院《关于建设工程价款优先受偿权问题的批复》被废止，目前并没有明确的法律规范对相关权利顺位关系作出规定。司法实践中通常直接以最高人民法院《关于人民法院办理执行异议和复议案件若干问题的规定》第 29 条作为依据。

第八章 其他争议

通过大量的案例研究，笔者发现建设工程施工合同纠纷主要集中于合同效力、工程质量、工期、工程价款、工程结算、实际施工人、工程价款优先权七大方面。除了上述七类主要争议外，实践中，在建设工程的签证、索赔、鉴定等其他一些方面也常常存在一定的争议。

1 发包人未签字的签证是否可以作为结算的依据？

【争议问题】

实践中，承包人发起的签证往往得不到发包人签认，签证材料上往往只有承包人或承包人加监理人的签字。此类不完整的签证，是否可以作为结算的依据？

【裁判观点1】

发包人未签字但有监理签字的签证可以作为计算工程额外费用的依据。

【典型案例】最高人民法院（2021）最高法民申5357号

在该案中，法院认为，秦某江借用大洋众城集团股份有限公司名义与立通公司签订的两份《建设工程施工合同》，明确合同价款为“采用预算加现场签证”；立通公司与监理公司签订的《建设工程监理合同》约定监理人义务包括审查施工承包人提交的工程变更申请，协调处理施工进度调整、费用索赔、合同争议等事项。虽然秦某江提供的案涉经济签证没有立通公司盖章，但已经监理公司确认及监理工程师签字，其中部分签证还有相关行政管理部门材料证明停工等产生费用的事由。且另案其他案涉工程签证亦没有立通公司签字盖章确认，故案涉签证的形成过程符合上述合同约定与双方结算习惯，原审将此作为秦某江向立通公司主张工程额外产生费用的依据，并无不当。立通公司否认签证数据真实性缺乏事实依据，依法不予支持。

【裁判观点 2】

承包人主张的签证工程量既无发包人签认亦无监理机构签认的，不能获得支持。

【典型案例】最高人民法院（2020）最高法民终 534 号

在该案中，法院认为，最高人民法院《关于审理建设工程施工合同纠纷案件适用法律问题的解释》（已失效）第 19 条规定，当事人对工程量有争议的，按照施工过程中形成的签证等书面文件确认。承包人能够证明发包人同意其施工，但未能提供签证文件证明工程量发生的，可以按照当事人提供的其他证据确认实际发生的工程量。岳建公司在本案进入鉴定程序后提供的签证单，并无鸿宇公司的签章认可，监理机构也否认在该批签证资料上进行签章认可。同时，鉴定机构经修改调整后也未对该部分 3,502,797.26 元进行确认。岳建公司也未能提供其他证据证实工程量实际发生，原审法院对该部分造价未予支持，并无不当。

【法律依据】

最高人民法院《关于审理建设工程施工合同纠纷案件适用法律问题的解释（一）》

第二十条　当事人对工程量有争议的，按照施工过程中形成的签证等书面文件确认。承包人能够证明发包人同意其施工，但未能提供签证文件证明工程量发生的，可以按照当事人提供的其他证据确认实际发生的工程量。

北京市高级人民法院《关于审理建设工程施工合同纠纷案件若干疑难问题的解答》

10、工程监理人员在签证文件上签字确认的效力如何认定？

工程监理人员在监理过程中签字确认的签证文件，涉及工程量、工期及工程质量等事实的，原则上对发包人具有约束力……

【律师解读】

签证只是一种证据形式，签证事实的成立与否并不完全依赖于发包人签字与否，发包人虽未签认，但是有监理签认或其他证据证明发包人同意施工且工程量确实发生的，该签证仍可作为有效的工程量计算工程价款。就承包人而言，在工程量发生前后，一定要找监理和发包人派驻现场的负责人办理签证手续，如果发包人和监理拒绝签字，一定要收集和保存工程变更系根据发包人或监理要求而发生的证据，以及工程量确已发生且可以通过鉴定等方式计算出相关工程款的证据。

2 发包人收到索赔报告后未提出异议的，是否视为认可索赔内容？

【争议问题】

索赔报告通常是承包人向发包人提出索赔请求的书面文件。发包人在收到承包人索赔报告后一定期限内未提出异议，是否视为认可索赔内容？索赔报告是否可以作为最终索赔依据？

【裁判观点】

发包人收到索赔报告后 28 天内未提出异议的，视为认可索赔内容。

【典型案例】最高人民法院（2019）最高法民终 1980 号

在该案中，法院认为，中城投公司于 2014 年 8 月 23 日、8 月 26 日、8 月 29 日、10 月 15 日、10 月 28 日向恒远公司发出的工作联系函，可反映中城投公司向恒远公司索要工程款以及因恒远公司欠付工程款导致停工、逾期付款利息及撤场损失等内容，上述工作联系函签收处有时任恒远公司案涉项目部管理人员黄某河或黄某钢的签字。虽恒远公司抗辩黄某河、黄某钢仅在签收处签字，并非确认工作联系函的内容，且工作联系函没有恒远公司盖章确认，但根据案涉《建设工程施工合同》通用条款第 36.2 条关于恒远公司在收到有关索赔报告 28 天内未提出异议视为认可的约定，并结合本案其他证据，可综合认定在合同履行过程中恒远公司并未足额支付工程价款，产生逾期付款利息并给中城投公司造成停工损失，《建设工程施工合同》解除后中城投公司撤场产生损失。中城投公司现主张停工损失、逾期付款利息以及提前撤场损失具有事实依据。

【法律依据】

《建设工程施工合同（示范文本）》（GF—2017—0201）“通用合同条款”

19.4　对发包人索赔的处理

（2）承包人应在收到索赔报告或有关索赔的进一步证明材料后 28 天内，将索赔处理结果答复发包人。如果承包人未在上述期限内作出答复的，则视为对发包人索赔要求的认可；

《建设工程工程量清单计价规范》(GB50500—2013)

9.13.3 ……发包人应在收到索赔通知书或有关索赔的进一步证明材料后的28天内，将索赔处理结果答复承包人，如果发包人逾期未作出答复，视为承包人索赔要求已被发包人认可……

【律师解读】

现行的建设施工合同示范文本通用条款中，规定了“索赔逾期答复视为认可制度”，即发包人收到承包方索赔报告28天未答复的，视为认可对方的索赔要求。这实质上是《民法典》第140条所规定的以“默示”的形式作出的意思表示。当前我国国内工程实践中，大部分发包人对这一重大的风险隐患缺乏足够重视。现有司法实践已经对该默示条款的效力进行了确认。这值得合同双方当事人尤其是发包人给予足够的重视，应规范索赔的流程管理。

3 资料员加盖公章的行为是否对公司具有法律效力？

【争议问题】

合同上有无代表权的人加盖的公司印章是否一定构成表见代理？在“真人假章”(有代表权或者代理权的人加盖假公章)，或者“假人真章”(无代表权或者代理权的人加盖真公章)等人章不一致的情况下，究竟如何认定合同效力？

【裁判观点】

加盖公章的代理人明显无代理权的，其盖章行为不构成表见代理。

【典型案例】山东省高级人民法院(2021)鲁民终548号

在该案中，法院认为，首先，从形式上看，涉案两份《工程损失及索赔明细》上虽加盖有莱钢公司项目部公章，但参照2019年11月8日《全国法院民商事审判工作会议纪要》第41条关于“人民法院在审理案件时，应当主要审查签约人于盖章之时有无代表权或者代理权，从而根据代表或者代理的相关规则来确定合同的效力”的规定精神，莱钢公司项目部公章系由其资料员王某林所加盖，其显然不具有代表或者代理莱钢公司对高达4000多万元索赔款项予以确认的权利，一审认定王某林的行为不构成代表行为或者代理行为，并无不当；同时，因浩岳公司对王某林仅系莱钢公司资料员的事实明知,亦不能认定浩岳公司善意无过失地相信王某林有权代理莱钢公司对涉案索赔款项进行确认,一审认定王某林的行为不能构成表见代理,亦无不当。

【法律依据】

《民法典》

第一百七十二条 行为人没有代理权、超越代理权或者代理权终止后,仍然实施代理行为,相对人有理由相信行为人有代理权的,代理行为有效。

《全国法院民商事审判工作会议纪要》

41.【盖章行为的法律效力】 司法实践中,有些公司有意刻制两套甚至多套公章,有的法定代表人或者代理人甚至私刻公章,订立合同时恶意加盖非备案的公章或者假公章,发生纠纷后法人以加盖的是假公章为由否定合同效力的情形并不鲜见。人民法院在审理案件时,应当主要审查签约人于盖章之时有无代表权或者代理权,从而根据代表或者代理的相关规则来确定合同的效力……

【司法意见】

“在合同书上加盖公司公章的法律意义在于,盖章之人所为的是职务行为,即其是代表或代理公司作出意思表示。但章有真假之分,人也有有权无权之别,不可简单根据加盖公章这一事实就认定公章显示的公司就是合同当事人,关键要看盖章之人有无代表权或代理权。盖章之人为法定代表人或有权代理人的,即便其未在合同上盖章甚至盖的是假章,只要其在合同书上的签字是真实的,或能够证明该假章是其自己加盖或同意他人加盖的,仍应作为公司行为,由公司承担法律后果。反之,盖章之人如无代表权或超越代理权的,则即便加盖的是真公章,该合同仍然可能会因为无权代表或无权代理而最终归于无效。”①

【律师解读】

司法实践中,人民法院在审理案件时,主要审查签约人于盖章之时有无代表权或者代理权,从而根据代表或者代理的相关规则来确定合同的效力,即在判断代理权成立与否时采取所谓的“认人不认章”的规则。有代表权或代理权的人盖章的合同自然对公司具有法律效力,而无代表权或代理权人加盖的公章,即便是真公

① 最高人民法院民事审判第二庭第18次法官会议纪要。

章,也不能产生合同有效的预期效果。可见,公章对于合同的效力,关键不在于公章真假,而在于盖章之人有无代表权或代理权。

4 事前签证单是否可以作为认定实际工程量的依据?

【争议问题】

在工程变更实施前,施工单位与建设单位对预计工程量进行签认。在最终结算时,施工单位主张以签证单记载的工程量进行结算。建设单位主张实际施工情况与签证单不符,不应当以签证单上的工程量作为结算依据,而应当以现场勘察的实际工程量作为依据的,如何处理?

【裁判观点】

事前签证单并非双方在施工过程中形成的对具体施工量的确认文件,施工单位不能仅以事前签证单作为工程量的证据,而应就签证单记载的工程量在施工过程中实际发生承担举证责任。

【典型案例】山东省高级人民法院(2020)鲁民终 275 号

在该案中,施工单位主张其与建设单位多次通过签证的形式对增加的工程量进行书面确认,相关签证应当作为认定案件事实的依据;涉案鉴定意见对上述签证单作出否定性评价错误。对此,法院认为,根据最高人民法院《关于审理建设工程施工合同纠纷案件适用法律问题的解释》(已失效)第 19 条的规定,当事人对工程量有争议的,按照施工过程中形成的签证等书面文件确认。承包人能够证明发包人同意其施工,但未能提供签证文件证明工程量发生的,可以按照当事人提供的其他证据确认实际发生的工程量。本案中,施工单位主张的签证单均是事前的签证单,并非双方在施工过程中形成的对具体施工量的书面确认文件。且依据最高人民法院《关于民事诉讼证据的若干规定》(2008 年)第 5 条第 2 款的规定,对合同是否履行发生争议的,由负有履行义务的当事人承担举证责任。施工单位亦未举证证明签证单记载的工程量为施工过程中实际发生,故涉案签证单不能作为认定工程量的依据。一审时青岛琴岛工程造价咨询有限公司根据实际现场勘察认定远大公司实际施工的增加工程量,对未实际施工以及与实际工程量不符的签证单未予采信,并无不当。

【法律依据】

最高人民法院《关于审理建设工程施工合同纠纷案件适用法律问题的解释(一)》

第二十条 当事人对工程量有争议的,按照施工过程中形成的签证等书面文件确认。承包人能够证明发包人同意其施工,但未能提供签证文件证明工程量发生的,可以按照当事人提供的其他证据确认实际发生的工程量。

浙江省高级人民法院民事审判第一庭《关于审理建设工程施工合同纠纷案件若干疑难问题的解答》

十、哪些证据可以作为工程量、工程价款的结算依据?

双方当事人在建设工程施工过程中形成的补充协议、会议纪要、工程联系单、工程变更单、工程对帐签证以及其他往来函件、记录等书面证据,可以作为工程量计算和认定工程价款的依据。

【律师解读】

承包人和发包人对施工过程中变更产生的工程量有争议的,应按照施工过程中形成的有效的签证文件认定实际工程量。签证可分为变更实施前的签证和变更实施后的签证两类。变更实施前的签证往往重点在于证明发包人同意工程变更,而其中涉及的工程量仅是预估工程量而非实际工程量。变更实施后的签证往往是对增加的工程量进行确认。可见就签证而言,承包人负有较重的举证责任,不仅要举证工程变更获得发包人同意,还要证明经批准的变更实际发生。

5 当事人拒不提供鉴定材料导致鉴定无法完成的,如何处理?

【争议问题】

在鉴定过程中,因一方拒不配合提供其掌握的鉴定材料,导致鉴定无法完成的,应由哪一方承担鉴定不能的不利后果?

【裁判观点】

因控制鉴定材料的一方当事人拒不提供鉴定材料导致鉴定不能的,该不利结果应由控制鉴定材料的一方当事人承担。

【典型案例】北京市高级人民法院(2021)京民申3107号

在该案中,法院认为,关于工程款项的结算依据,原告在一审中申请进行造价鉴定,被告在庭审中陈述其有施工图、竣工图却不予提供,导致工程造价鉴定无法进行。一审、二审法院结合原告提交的证据以及双方历次诉讼中的陈述,认定原告已完成举证责任,支持原告要求支付工程款的诉讼请求,并无不当。①

【法律依据】

最高人民法院《关于适用〈中华人民共和国民事诉讼法〉的解释》

第一百一十二条 书证在对方当事人控制之下的,承担举证证明责任的当事人可以在举证期限届满前书面申请人民法院责令对方当事人提交。

申请理由成立的,人民法院应当责令对方当事人提交,因提交书证所产生的费用,由申请人负担。对方当事人无正当理由拒不提交的,人民法院可以认定申请人所主张的书证内容为真实。

最高人民法院《关于审理建设工程施工合同纠纷案件适用法律问题的解释(一)》

第三十二条 当事人对工程造价、质量、修复费用等专门性问题有争议,人民法院认为需要鉴定的,应当向负有举证责任的当事人释明。当事人经释明未申请鉴定,虽申请鉴定但未支付鉴定费用或者拒不提供相关材料的,应当承担举证不能的法律后果。

一审诉讼中负有举证责任的当事人未申请鉴定,虽申请鉴定但未支付鉴定费用或者拒不提供相关材料,二审诉讼中申请鉴定,人民法院认为确有必要的,应当依照民事诉讼法第一百七十条第一款第三项的规定处理。

【律师解读】

虽然"谁主张,谁举证"仍是民事诉讼中最基本的举证规则,但当事人各方均负有协助法院查明事实真相的法定义务。根据当前的证据规则,有证据证明一方当事人持有证据而无正当理由拒不提供的,如果对方当事人主张该证据的内容不利于证据持有人,可以推定该主张成立。司法鉴定程序本就是法院主导的一种查明案件专门事实的特殊调查程序,控制鉴定材料的一方,无正当理由拒不配合调

① 类似案例可参见浙江省高级人民法院(2020)浙民申4501号案。

查、提供必要的资料，导致鉴定无法进行的，将被推定承担不利的后果。

6 什么条件下可以组织重新鉴定？

【争议问题】

对司法鉴定结果有异议的一方当事人，通常希望重新鉴定或补充鉴定以推翻原鉴定结果。当事人在什么情况下可以启动重新鉴定？什么情况不能重新鉴定？

【裁判观点 1】

当事人以单方委托的第三方机构作出的评估意见为依据对司法鉴定意见提出异议，但未能提供充分证据推翻鉴定意见的，不符合重新鉴定的条件。

【典型案例】最高人民法院(2021)最高法民申 331 号

在该案中，法院认为，对于鉴定结论，一审中原告、被告均发表了意见，鉴定机构对被告提出的异议已书面或当庭口头进行了答复，原告公司针对被告公司提出的异议亦进行了解释答辩；二审中鉴定机构针对原告、被告的上诉理由对鉴定结论作出进一步说明，故原审法院依照鉴定机构作出的造价鉴定，在结合在案证据对部分数额予以核减、调整后认定原告施工完成的工程造价，并无不当。被告提交的《复核意见》系其单方委托鉴定机构作出的，并不足以推翻金正公司的相关鉴定结论。①

【裁判观点 2】

行业协会出具的专家评审意见并不足以否定鉴定机构出具的鉴定意见书。

【典型案例】最高人民法院(2021)最高法民申 7841 号

在该案中，法院认为，一审法院根据当事人之间的工程欠款争议事实，依法委托原审鉴定机构就争议事项进行鉴定并出具鉴定意见，该鉴定意见经过当事人之间的质证和原审法院的认证，当然符合合法有效证据的要件，可以用来证明案件相关事实。被告虽然主张原审鉴定违法，但并未提出也未举示证据证明原审法院委托鉴定人从事鉴定活动违反了有关司法解释和司法性文件的规定。而其单方委托

---

① 类似案例可参见最高人民法院(2021)最高法民终 304 号案、广东省高级人民法院(2021)粤民申 4432 号案。

的中国建设工程造价管理协会也并非认定工程造价鉴定人资质或资格的有权机构,其所出具的《专家评审意见》并不足以否定原审程序中鉴定机构出具的鉴定意见书。

【裁判观点3】

当事人仅凭专家辅助人的异议不足以推翻鉴定意见。

【典型案例】最高人民法院(2020)最高法民申908号

在该案中,法院认为,一审法院根据原告的申请,依法委托具有鉴定资质的鉴定机构对原告已完工程的造价进行鉴定,双方当事人提交了鉴定所需的资料并进行了质证。鉴定意见作出后,鉴定人员出庭接受了双方当事人以及被告申请的专家辅助人的质询并进行了答复与合理说明。被告对本案《工程造价鉴定意见书》提出异议,并另行委托专家辅助人对鉴定意见进行审查,但专家辅助人由被告单方委托,且专家辅助人的审查不同于鉴定,不足以取代或者否定鉴定机构的鉴定意见。女皇公司未能举证证明鉴定机构存在背离鉴定资料或者背离工程实际随意主观判断的情形,其仅以单方委托的专家辅助人出具的审查意见与《工程造价鉴定意见书》结论存在差异、原审法院未按照“最大误差核查法”进行审查为由,主张《工程造价鉴定意见书》不应作为裁判依据,理由不能成立。

【法律依据】

最高人民法院《关于适用〈中华人民共和国民事诉讼法〉的解释》

第一百二十二条 当事人可以依照民事诉讼法第八十二条的规定,在举证期限届满前申请一至二名具有专门知识的人出庭,代表当事人对鉴定意见进行质证,或者对案件事实所涉及的专业问题提出意见。

具有专门知识的人在法庭上就专业问题提出的意见,视为当事人的陈述。

人民法院准许当事人申请的,相关费用由提出申请的当事人负担。

最高人民法院《关于民事诉讼证据的若干规定》

第四十条 当事人申请重新鉴定,存在下列情形之一的,人民法院应当准许:

(一)鉴定人不具备相应资格的;

(二)鉴定程序严重违法的;

(三)鉴定意见明显依据不足的;

(四)鉴定意见不能作为证据使用的其他情形。

存在前款第一项至第三项情形的,鉴定人已经收取的鉴定费用应当退还。拒不退还的,依照本规定第八十一条第二款的规定处理。

对鉴定意见的瑕疵,可以通过补正、补充鉴定或者补充质证、重新质证等方法解决的,人民法院不予准许重新鉴定的申请。

重新鉴定的,原鉴定意见不得作为认定案件事实的根据。

《司法鉴定程序通则》

第三十一条 有下列情形之一的,司法鉴定机构可以接受办案机关委托进行重新鉴定:

(一)原司法鉴定人不具有从事委托鉴定事项执业资格的;

(二)原司法鉴定机构超出登记的业务范围组织鉴定的;

(三)原司法鉴定人应当回避没有回避的;

(四)办案机关认为需要重新鉴定的;

(五)法律规定的其他情形。

山东高院《关于审理建设工程施工合同纠纷案件若干问题的解答》

6、如何组织对建设工程鉴定意见进行质证和审查?

鉴定意见应当经当事人质证才能作为认定事实的依据,可由当事人对鉴定机构或鉴定人的资质、鉴定范围是否准确、鉴定程序是否合法、鉴定材料是否可靠、鉴定方法是否科学、鉴定意见是否存在错漏等发表质证意见。具有下列情形之一的,鉴定意见不能作为认定事实的依据:

(1)鉴定人员与一方当事人存在利害关系,影响鉴定的公正性的;

(2)鉴定人员未实际参与鉴定,仅在鉴定报告上署名的;

(3)经人民法院通知,鉴定人拒不出庭作证的;

(4)其他不应采信的情形。

【律师解读】

在建设工程类案件中,工期、质量、造价等各方面的争议往往都需要通过鉴定作出认定。在司法实践中,一直存在较为普遍的以鉴代审的现象。在法院高度依赖鉴定意见的情况下,鉴定意见一经作出,往往很难被推翻。依照证据规则,当事人能够推翻鉴定意见的事由大部分都是程序性事由。当事人委托第三方专业机构、行业协会等出具专业意见,或聘请专家辅助人出庭发表意见等方式,往往都很难撼动鉴定机构出具的鉴定意见。鉴于此现状，当事人应当高度重视在鉴定意见形成过程中与鉴定机构的沟通，在鉴定意见作出之前，充分地将材料、意见反馈给鉴定机构。不要等鉴定意见已经作出了，再火力全开地攻击鉴定意见，结果往往是事倍功半。

7 法院可否选择性采纳鉴定意见?

【争议问题】

鉴定机构出具鉴定意见后，法院除全盘采纳或不采纳之外，是否可以选择性采纳部分鉴定意见?

【裁判观点】

对于鉴定意见中不确定性、推断性部分的意见，法院可以结合案件情况、参考其他证据，酌情予以采纳。

【典型案例】最高人民法院(2020)最高法民终370号

在该案中，法院认为，案涉鉴定意见不确定性部分1,065,817元及推断性部分677,114元的工程造价金额，系鉴定机构根据相关签证单、工作联系单、签字核定单等签证资料中被告单方列示的金额与描述的工作内容计算出的。上述资料签证手续不规范、不完善，部分重要文件原件缺失，部分资料中的签证人员不是《建设工程施工合同》约定的有权签证人员且未获得原告授权，故鉴定意见不确定性及推断性部分的造价金额不能完全采信。但鉴于原告基本认可上述资料所载施工内容确实发生，只是对具体工作量持有异议，且多数资料经过监理单位签章，故法院结合案涉工程施工情况、参考上述签证资料记载的内容，酌情认定不确定性及推断性部分的工程造价为1,220,051元。

【法律依据】

《建设工程造价鉴定规范》

5.11.2 当鉴定项目或鉴定事项内容事实清楚，证据充分，应作出确定性意见。

5.11.3 当鉴定项目或鉴定事项内容客观，事实较清楚，但证据不够充分，应作出推断性意见。

5.11.4 当鉴定项目合同约定矛盾或鉴定事项中部分内容证据矛盾，委托人暂不明确要求鉴定人分别鉴定的，可分别按照不同的合同约定或证据，作出选择性意见，由委托人判断使用。

5.11.5 在鉴定过程中，对鉴定项目或鉴定项目中部分内容，当事人相互协商一致，达成的书面妥协性意见应纳入确定性意见，但应在鉴定意见中予以注明。

5.11.6 重新鉴定时，对当事人达成的书面妥协性意见，除当事人再次达成一致同意外，不得作为鉴定依据直接使用。

【律师解读】

在工程类案件的司法鉴定中，许多专业的事实问题在实践中均存在较大的争议，没有形成主流的、一致的观点，任何一个鉴定机构作出的意见都不能确保代表了权威的、主流的、正确的意见。无论是鉴定机构还是各方当事人均应对此有清醒的认识。鉴于此，鉴定机构不应当出具“一揽子”的确定性意见，而应当根据双方争议情况、证据材料情况，区分各种情形，分别作出确定性意见、推断性意见或选择性意见。将最终认定事实的权力交给法院，以减少以鉴代审的不良影响。